HEYNE‹

Das Buch
Jeder kennt das Gefühl: Man betritt einen Raum und fühlt sich sofort unwohl. Man begegnet einem bestimmten Menschen und ist auf merkwürdige Weise verunsichert. Man befindet sich mitten im Gespräch, und plötzlich ist die Atmosphäre »vergiftet«. Woran liegt das? Wie machen wir es uns bewusst? Wie können wir am besten damit umgehen?

Dorothy Harbour konfrontiert uns mit einem verborgenen Bereich menschlicher Kommunikation – dem ständigen Austausch von Lebensenergie. Sie zeigt, wie man sich dieser Tatsache bewusst wird und Übergriffe auf der Energie-Ebene erkennt. Mit ihrem zigtausendfach bewährten Übungsprogramm befähigt sie jede Leserin und jeden Leser, sich einfach und wirksam vor Energievampirismus in allen Situationen des Alltags zu schützen.

Die Autorin
Dorothy Harbour, geb. 1959 in San Francisco, Psychotherapeutin und spirituelle Lebensberaterin, vermittelt in ihren Büchern, Seminaren und Coachings praktische Methoden, wie wir unser Leben gesund, erfolgreich und selbstbestimmt leben können. Ihr Buch *Achtung, Energievampire* gilt als das erfolgreichste Buch zum Thema »Psychischer Selbstschutz« überhaupt. Sie lebt heute zusammen mit ihrer Tochter auf Orcas Islands (Washington).

DOROTHY HARBOUR

ACHTUNG ENERGIE VAMPIRE

Das Praxisbuch für den
psychischen Selbstschutz

WILHELM HEYNE VERLAG
MÜNCHEN

Das vorliegende Buch ist sorgfältig erarbeitet worden.
Dennoch erfolgen alle Angaben ohne Gewähr.
Weder Autoren noch Verlag können für eventuelle Nachteile
oder Schäden, die aus den im Buch gemachten praktischen
Hinweisen resultieren, eine Haftung übernehmen.

FSC
Mix
Produktgruppe aus vorbildlich
bewirtschafteten Wäldern und
anderen kontrollierten Herkünften
Zert.-Nr. SGS-COC-1940
www.fsc.org
© 1996 Forest Stewardship Council

Verlagsgruppe Random House FSC-DEU-0100
Das für dieses Buch verwendete
FSC-zertifizierte Papier *Super Snowbright*
liefert Hellefoss AS, Hokksund, Norwegen.

2. Auflage
Taschenbucherstausgabe 06/2008
Copyright © 1999 by Dorothy Harbour
Copyright © 1999 für die deutsche Ausgabe by
Integral Verlag, München, in der Verlagsgruppe
Random House GmbH
Die Originalausgabe erschien unter dem Titel
»Psychic Protection in Modern Life« bei Red Rock Press Ltd.,
New York, USA.
Aus dem Amerikanischen übersetzt von Wilhelm Morinus
Printed in Germany 2009
Umschlaggestaltung: hilden_design, München
Gesetzt aus der 10,2/14,8 Punkt Devin
bei C. Schaber, Datentechnik, Wels
Druck und Bindung: GGP Media GmbH, Pößneck
ISBN 978-3-453-70088-8

www.heyne.de

Inhalt

Einführung   11

Der Kampf um Lebensenergie   17

Kleine Typologie der Energie-Vampire   23

An wen richtet sich dieses Buch?   27

Ermitteln Sie Ihre persönliche Energiebilanz
und individuellen Gefahrenzonen   32

*Checkliste I: Persönliches Befinden und Selbst-
einschätzung 32 · Checkliste II: Arbeitsplatz und
Beruf 33 · Checkliste III: Freundeskreis 35 ·
Checkliste IV: Familie und Beziehung 35 ·
Checkliste V: Freizeit 37 · Auswertung der
Checklisten 38*

ERSTER TEIL
Der unsichtbare Schutzschild   43

1 Lernen Sie in wenigen einfachen Schritten,
Auren zu sehen   47

*Aufbau und Funktionsweise der Aura 49 ·
Wer nicht sehen kann, mag tasten, fühlen ... 56 ·*

*Kleine Augenkunde 58 · Vorbereitung auf die
Übungen zum Aurasehen 58 · Erste Übung:
Fingerspiele 61 · Zweite Übung: Partneraura 63 ·
Dritte Übung: Musikalische Aurastimulation 64 ·
Vierte Übung: Im Strahlenkleid 67*

2 Das Aufbauprogramm zur Aurastärkung 69

*Erster Schritt: Stärken Sie Ihre Aura in der Säule aus
Licht 71 · Übung: Die Säule aus Licht 75 ·
Zweiter Schritt: Säubern Sie Ihre Aura vom energe-
tischen Unrat des Alltags 81 · Übung: Reinigung der
Aura 82 · Dritter Schritt: Stärken Sie Ihre Aura durch
Bewusstseinsprogrammierung 84 · Übung:
Programmieren Sie Ihr Bewusstsein 92*

3 Wenn Sie in Not geraten: SOS-Maßnahmen zur Sofortverteidigung 97

*Eine luxuriöse Verteidigungsmethode: Überschwemmen
Sie den Angreifer mit Energie 97 · Spontane Visualisierung der Lichtsäule 103 · Spontane Ausdehnung
des Auraschutzes auf wehrlose Dritte 107*

ZWEITER TEIL
Die Schleusen schließen 111

4 Lernen Sie in wenigen einfachen Schriften, Ihre Chakras zu schließen und zu schützen 115

*Anordnung und Arbeitsweise der Chakras 116 ·
Warum wir lernen müssen, die Chakras bewusst zu
schließen 120 · Erste Übung: Öffnen der
Chakras 127 · Zweite Übung: Säubern der*

Chakras 129 · Dritte Übung: Schließen der
Chakras 131 · Vierte Übung: Schützen der Chakras 133

5 »Psychoschrott« lockt Energie-Vampire an:
Reinigen Sie Ihr Unterbewusstsein! 137

Fallbeispiel: Der innere Dieb 139 · Erste Übung:
Reinigung des Unterbewusstseins mit dem goldenen
Vlies 143 · Ein bewährtes Hilfsmittel: das Traum- und
Fantasietagebuch 147 · Zweite Übung: Gezielte
Reinigung des Unterbewusstseins mit der
Lichtdusche 149

6 Erschaffen Sie sich einen geistigen
Schutzraum 153

Fallbeispiel: Der unsichtbare Strohhalm 154 ·
Übung: Die Weiße Schutzburg 160 · Bannritual zur
Erschaffung und Reinigung eines geistigen
Schutzraums 163

7 Verbünden Sie sich mit Ihrem spirituellen
Hüter 171

Die Suche 171 · Das Ritual der Anrufung und
Verbindung 173

DRITTER TEIL
**Schutz vor Energie-Vampiren in
Geschäft und Beruf** 175

8 Das Erfolgsgeheimnis starker Teams:
Drei energetische Grundregeln 181

9 Wenn der Gruppengeist an
Energiemangel leidet   185

*Fallbeispiel: Auch wer lächelt, kann Zähne
zeigen 186 · SOS-Check: So schützen Sie sich
wirkungsvoll vor Mobbing 193 · Notprogramm bei
Mobbinggefahr 196 · Übung: Abwehr psychischer
Angriffe mit der Gummiwandmethode 200*

10 So schützen Sie Ihr Unternehmen
vor Energie-Vampiren   203

*»Leichen im Keller« locken Energie-Vampire an 204 ·
Fallbeispiel: Der vergessene Erfinder 207 · So reinigen
Sie das Gedächtnis Ihres Unternehmens von negativen
Energien 215 · Übung: Energetische Unternehmens-
reinigung mit dem goldenen Vlies 216 · Pflegen und
stärken Sie die Aura Ihres Unternehmens 220 ·
Übung zur Übertragung des persönlichen
Auraschutzes 222*

VIERTER TEIL
Psychischer Schutz im Privatleben   225

11 Geben Sie den Energie-Vampiren
auch in Ihrer Freizeit keine Chance   229

*So schützen Sie sich vor suggestiver Werbung und
tyrannischen Verkäufern 230 · So schützen Sie sich
vor aufdringlichen Zeitgenossen, die Ihnen Zeit und
Nerven rauben wollen 234*

12 Bewahren Sie Ihre Familie vor
Energie-Vampirismus   239

*Fallbeispiel: Ein Energie-Vampir namens Sarah 240 ·
Fünf Regeln zur spirituellen Erziehung Ihres
Kindes 247 · Übung: Dehnen Sie Ihren Auraschutz
auf Ihr Kind aus 249 · Reinigungs- und Bannritual:
Bewahren Sie Ihr Heim vor Energie-Vampiren 251*

13 »Der Vampir an meiner Seite« –
Schutz vor Energiekämpfen in Liebe und Ehe   263

*Die drei Grundtypen des Beziehungsvampirs 263 ·
So zähmen Sie den Energie-Vampir an Ihrer Seite 268 ·
Drei Regeln zum Schutz vor Beziehungsvampirismus 269*

14 Dem Energie-Vampir die Zähne ziehen –
ein Langzeitprogramm gegen Stress und
Energiedefizite in der heutigen Welt   275

*Ursachen eines überpersönlichen Energie-
Vampirismus 275 · Sieben Empfehlungen gegen
überpersönlichen Energie-Vampirismus 278*

Anhang   287

Verzeichnis der Übungen und Rituale 287

Einführung

itte der Achtzigerjahre wagte ich den Schritt in eine ungewöhnliche Selbstständigkeit. Sozusagen über Nacht gab ich meinen ungeliebten Job bei einer Versicherungsgesellschaft auf, um nahe San Francisco eine »Praxis für spirituelle Energie- und Lebensberatung« zu eröffnen – ein Unterfangen, für das es in meinem damaligen Umfeld keinerlei Vorbilder gab. Ganz im Gegenteil: Spirituelle Fragen schienen weder die Menschen, mit denen ich den größten Teil des Tages in einem Großraumbüro verbrachte, noch meine Freunde und Bekannten besonders zu beschäftigen. Stattdessen rivalisierten sie nahezu unablässig um materielle Güter und berufliche Karriere, um Geld, Wohlstand und Macht über andere.

Doch gerade diese allgemeine Jagd nach Macht und Materiellem bestärkte mich in der Überzeugung, dass all diese Menschen in Wahrheit ganz etwas anderes suchten: eine lebenswichtige Ressource, die in der physischen Welt knapp und daher ständig umkämpft ist. Und wie ich seit langer Zeit aus eigener Anschauung wusste, handelt es sich bei dieser unverzichtbaren Kraft um nichts anderes als das »Licht des Lebens«, die in den verschiedenen Kulturen und Epochen »Äther« oder »Orgon«, »Prana« oder »Chi« genannte universelle Lebensenergie – um eine Ressource also, die auf der spirituellen Ebene in unerschöpflicher Fülle verfügbar ist.

Möglicherweise wundern sich manche meiner Leser nicht nur über die Verbindung, die ich zwischen *Lebensenergie* und Macht- oder Profitstreben hergestellt habe, sondern mehr noch über meine Behauptung, dass ich »aus eigener Anschauung« von diesen Zusammenhängen gewusst hätte. Ist denn nicht gerade die Lebensenergie – das in jedem von uns brennende »Lebenslicht« – etwas, das sich dem Anblick durch unsere Augen entzieht? Um zunächst diese Frage zu beantworten, möchte ich für einen Moment in meine – und vielleicht auch in Ihre – Kindheit zurückkehren.

Kinder sind von Natur aus sensitiv

Wie so viele Menschen in den ersten Lebensjahren, verfügte auch ich als kleines Kind über eine Sensitivität, die in früheren Zeiten auch unter Erwachsenen weitverbreitet gewesen sein muss: Ohne zu bemerken, dass ich überhaupt etwas Besonderes »leistete«, erspürte ich etwa mit drei oder vier Jahren intuitiv Gedanken und Gefühle der Menschen in meiner Umgebung – und zwar gerade solche Gedanken, die unausgesprochen blieben, und just solche Gefühle, die der Betreffende zu verbergen suchte. Ebenso selbstverständlich verfügte ich über eine Gabe, deren biochemische Grundlage erst die heutige Wissenschaft zu ergründen beginnt: So mühelos, wie wir alle den unsere Sonne umgebenden Strahlenkranz wahrnehmen, sah ich als kleines Mädchen den Lichtmantel oder – mit einem verbreiteten

Ausdruck – die *Aura*, die jeden lebenden Menschen, jedes Tier und sogar – in schwächerer Ausprägung – alle Pflanzen umgibt.

Anders als bei den meisten anderen Kindern verlor sich diese Veranlagung bei mir in späteren Jahren nicht. Entmutigt durch herben Spott und subtile Strafen, lernte ich zwar mit der Zeit, meine »seltsame Begabung« vor der Mitwelt zu verbergen. Doch meine Faszination für das geisterhafte Farbenspiel war stärker als mein Wunsch, nicht länger eine Außenseiterin zu sein, sondern ganz wie die anderen meine Mitmenschen gleichsam wie in Stein gehauen zu sehen. Denn was auch immer meine Erzieher mir einzuschärfen versuchten, ich wusste gleichwohl in jedem Augenblick meines Lebens, dass sie in einem wesentlichen Punkt irrten: Lebewesen ähneln nicht scharf umgrenzten Skulpturen, sondern den Engeln oder Heiligen auf alten Gemälden, wo sie meist mit einer Aureole aus Strahlen oder gar als Leiber aus schierem Licht dargestellt sind.

Was genau es mit unserer Aura auf sich hat und wie auch Sie lernen können, das jedes Lebewesen umgebende Energiefeld zu sehen, erläutere ich im folgenden Kapitel. Hier geht es mir vorerst um einige grundsätzliche Wahrheiten:

Jeder Mensch ist von einem Energiefeld umgeben

Jeder Mensch ist von einer schützenden Hülle aus purer Energie umgeben. Auch wenn heute die

Die menschliche Aura kann prinzipiell jeder sehen meisten Erwachsenen nicht imstande sind, spontan die Aura von Lebewesen zu sehen, darf nach dem aktuellen Stand der Wissenschaft sowohl das Vorhandensein solcher Energiefelder als auch deren prinzipielle Sichtbarkeit als gesichert gelten: Unsere Sehorgane verfügen über bestimmte Rezeptoren, mittels derer man die regenbogenfarbene Aura sehen kann. Diese Rezeptoren lassen sich durch gezieltes Training aktivieren – einfache Fokussierungstechniken, die in älterer Zeit zu den selbstverständlich überlieferten Kulturgütern zählten. Doch so wie sich das moderne Weltbild mehr und mehr verengt hat, bis nur noch die materielle Welt und die sogenannten Naturgesetze als Realität anerkannt wurden, so wurde und wird auch der Blick jedes einzelnen Menschen im Zuge seiner Sozialisation codiert – bis die meisten von uns »ihren Augen nicht mehr trauen« und schließlich nur das noch zu sehen vermögen, was nach herrschender Lehre als sichtbar akzeptiert ist.

Der Kampf um Lebensenergie

Zum Ende des zweiten christlichen Jahrtausends setzt sich mehr und mehr die Erkenntnis durch, dass zwischen dem uralten Konzept einer universellen Energie, der alles Leben entspringt, und dem naturwissenschaftlichen Forschungsstand kein wirklicher Widerspruch besteht.

Nach den Einsichten der Physiker lässt sich Materie in Energie transformieren (und umgekehrt) und jede Energieform in jede beliebige andere umwandeln. So nehmen wir ohne Erstaunen hin, dass beispielsweise »Windenergie« oder »Wasserenergie« in »elektrische Energie« transformiert werden kann, die sich ihrerseits etwa in »Wärmeenergie« umwandeln lässt, und so fort. Jenseits dieser »unbelebten« Bereiche unserer physischen Realität verwenden wir einen sehr ähnlichen Energiebegriff längst in anderen Lebensbereichen. So sprechen wir etwa von »sexueller Energie«, vom »energischen Auftreten« einer Person mit Willenskraft oder auch von »krimineller Energie«. In solchen Formulierungen drückt sich

Alles ist Energie

die verbreitete und zutreffende Überzeugung aus, dass es sich bei all diesen Energien nur um verschiedene Erscheinungsformen von ein und derselben kosmischen Urkraft handelt, welche die gesamte Schöpfung, alle Lebewesen ebenso wie die vermeintlich »tote Materie«, durchdringt.

Wie misst man spirituelle Energie? Im Unterschied zu physikalischen Kräften wie der Wind-, Wasser- oder elektrischen Energie vermögen wir jedoch die Lebensenergie bislang überhaupt nicht – oder erst in zaghaften Ansätzen – zu kontrollieren und zielbewusst zu transformieren. Die Probleme beginnen schon bei der *Messung* von Lebensenergien: Selbst die elektrischen Reizströme in lebenden Organismen treten teilweise in so geringer Dosierung auf, dass auch die feinsten Messinstrumente sie nicht oder nur unzulänglich zu erfassen vermögen. Und wie erst verhält es sich mit jenen mächtigen Lebensenergien, die sich bereits der technischen Bestimmung und Messung immer wieder entziehen? So wird beispielsweise niemand am Vorhandensein und der gewaltigen Macht sexueller Energie zweifeln – wer aber hätte diese Energie, die Sigmund Freud »Libido« nannte, jemals objektiv zu messen vermocht? Noch erheblich größer sind unsere Schwierigkeiten, wenn wir versuchen, die *Umwandlung* etwa von libidinöser in spirituelle, geistige oder kreative Energie bewusst zu steuern – eine Transformation, die dennoch unzweifelhaft immer wieder gelingt, wie wir aus den Werken außerordentlich willensstarker Individuen (Heiliger, Weiser, Künstler) aller Zeiten und Epochen ersehen können.

Ähnlich verhält es sich mit anderen Erscheinungsformen der Lebensenergie, die bisher desgleichen nur vage definiert und dennoch unzweifelhaft wirksam sind. **Besitzen wir ein »energetisches Immunsystem«?** Wer könnte etwa bestreiten, dass manche Menschen über eine erheblich stärkere »Ausstrahlung« als andere verfügen? Wie aber lässt sich diese charismatische Energie messen oder gar manipulieren? Mit welchen Mitteln können wir unsere eigene Ausstrahlung steigern – besitzen wir vielleicht einen »inneren Trafo«, den es zu entdecken und einzusetzen gilt? Wie vermögen wir uns umgekehrt der charismatischen Energie anderer Menschen zu entziehen, uns davor zu schützen, dass die Energiestrahlen politischer Rattenfänger oder marktschreierischer Verkäufer durch unsere Aura in unsere Persönlichkeit eindringen? Besitzen wir vielleicht ein »energetisches Immunsystem«, das es nicht minder als unser körperliches Abwehrsystem zu stärken und zu pflegen gilt? Ist Ihnen jemals der Gedanke gekommen, dass viele *Opfer* in unserer Gesellschaft – Opfer körperlicher Misshandlung oder sexueller Gewalt, Opfer von Arbeitslosigkeit oder sozialer Degradierung, Opfer von Mobbing, persönlicher Übervorteilung und vieler Gewaltakte mehr – im Grunde allesamt von *Energie-Vampiren* überwältigt worden sind?

Psychische Macht über andere ist Kontrolle ihrer Energie   Diese Formulierung mag im ersten Moment etwas skurril klingen, gleichwohl umschreibt sie präzise den gemeinten Tatbestand: *Psychische Macht über andere Individuen kann nur derjenige erlangen (und missbrauchen), der die ihnen innewohnende Lebensenergie kontrolliert und für seine Zwecke zu manipulieren vermag.* Positiv gesprochen: Wer sich vor Energieräubern zu schützen versteht, wird mit hoher Wahrscheinlichkeit keinem jener Gewaltakte zum Opfer fallen, da er den energetischen Aggressoren keine Angriffsfläche bietet.

Die Motive der Energie-Vampire   Was aber verleitet diese Energie-Vampire überhaupt dazu, die Lebenskraft ihrer Mitmenschen zu rauben? Die Antwort hierauf ergibt sich aus dem oben Gesagten: Anders als elektrische Energie, die wir etwa aus Wind- oder Wasserkraft gewinnen können, vermögen die meisten von uns die Ressource namens Lebensenergie in der physischen Welt bislang kaum zu kontrollieren und zu manipulieren. Zwar brennt in jedem Lebewesen – ähnlich der Energie in Verbrennungsmotoren – ein »Lebenslicht«, das ihm die für sein Überleben nötige Lebensenergie spendet; um sein Energieniveau zu steigern, versucht es sich aber der normalerweise einzigen ihm verfügbaren Quelle zu bemächtigen: indem es die Energie eines geeigneten, da unzulänglich geschützten Mitmenschen raubt.

Leuten wie mir, die imstande sind, den jedes Individuum umgebenden Energiemantel zu sehen, bietet sich ein nur allzu **Auch Wortgefechte sind Energiekämpfe** vertrauter und doch immer wieder erschreckender Anblick, wenn wir beobachten, wie zwei Menschen miteinander streiten: Beider Auren fließen ineinander und verfärben sich an den Schnittstellen orange- bis feuerrot. Wenn einer der beiden endlich den Sieg errungen hat und der Unterliegende zurückweicht, so ist klar zu erkennen, wie sich auch die Auren wieder voneinander trennen. Die Aura des Siegers ist dann förmlich aufgebläht und hat an Umfang ebenso wie an Strahlkraft gewonnen. Die Aura des Unterlegenen scheint dagegen in sich zusammengefallen zu sein wie ein Ballon, aus dem die Luft durch ein Leck entweicht. Der Angreifer mag glauben, dass er sich nun so großartig fühlt, weil er in einem intellektuellen Wettstreit über die besseren Argumente verfügt habe. Tatsächlich aber ist er berauscht von der Energie, die er seinem Gegner geraubt hat. Entsprechend matt und ausgelaugt fühlt sich der Unterlegene, der soeben durch einen vampiristischen Angriff einen Teil seiner Lebenskraft eingebüßt hat.

Ich bin sicher, dass wir in unserer Gesellschaft sehr viel rücksichtsvoller und achtsamer miteinander umgehen würden, wenn nur mehr Menschen imstande wären, dieses furchtbar eindrucksvolle Schauspiel des alltäglichen Energieraubs zu beob-achten. Aber vielleicht erklärt das ja umgekehrt, warum die »erwachsen« gewordene Menschheit sich so eifrig bemüht hat, »auf diesem Auge« nichts zu sehen?

Kleine Typologie der Energie-Vampire

Offenbar treten Vampire keineswegs nur in Gruselgeschichten auf. Berüchtigte Blutsauger wie Dracula mögen sogar umgekehrt fantasievolle Umschreibungen ihrer realen Vorbilder sein: der Energie-Vampire, die sich nicht am Blut, sondern – weitaus schlimmer – an der Lebenskraft ihrer Opfer laben.

Betrachten wir nun die drei verbreitetsten Typen solcher Energieräuber etwas genauer.

Der Liebesvampir

Die alltäglichsten Fälle von Energie-Vampirismus ergeben sich einfach aus der Tatsache, dass Menschen über unterschiedliche Energieniveaus verfügen: Beinahe in jeder Gruppe oder Familie und in einer erklecklichen Anzahl von Ehen und anderen Partnerbeziehungen gibt es ein Individuum, das sich – zu Recht oder nicht – weniger vital als der Rest der Gruppe fühlt und folglich vom »Energiereichtum« des oder der anderen zu profitieren versucht. Wohl jeder von uns kennt in seinem eigenen Bekanntenkreis diesen verbreitetsten

Typus des Energieräubers, der sich meist mit kleinen, aber beharrlich wiederholten Raubzügen
begnügt: Ständig beleidigt, trostbedürftig, auf irgendeine Weise um Zuwendung buhlend, zwingt
er seine Mitmenschen mit vielfältigen Mitteln, ihm
ihre Aufmerksamkeit zu schenken und ihn so an
ihren Energieressourcen teilhaben zu lassen. Das
geht häufig über lange Zeiträume leidlich gut – bis
eines Tages der ständig »ausgesaugte« Ehepartner
oder Elternteil erkrankt, zusammenbricht, die
Flucht ergreift oder auf sonstige dramatische Weise
die Erschöpfung seiner Energien kundtut.[*]

Der Machtvampir Andere Menschen zu dominieren, ihnen
die eigene Meinung aufzuzwingen, ihr Denken und
Verhalten zu manipulieren, ist für viele eine proba-
te Methode, um sich gut, stark und selbstbewusst
zu fühlen: Machtvampire berauschen sich gleichsam an der Macht, die sie über andere ausüben.
Daher drängen sie im Beruf wie in der Familie in
dominante Rollen – als Abteilungsleiter, als Chefs
jeden Ranges, als derjenige, der »die Hosen anhat«
und andere nach seiner Pfeife tanzen lässt. Natürlich begegnen Machtvampire uns gerade in der
Politik, in Verbänden und allen Organisationen, die

---

[*] Im 13. Kapitel wird uns der Liebesvampir in weiteren Erscheinungsformen – als *charismatischer Wilderer, heimischer Langzeitschmarotzer* und *mitleidheischender Energiebettler* – nochmals
begegnen.

Machtpositionen vergeben, häufiger als in anderen Gesellschaftsbereichen: Die »charismatische Ausstrahlung«, die wir an ihnen bewundern, ist meist nichts anderes als die Summe aller Energien, die sie ihren Bewunderern und Untergebenen geraubt haben. Aber auch der herrische Verkäufer, der uns unbedingt zum Kauf eines überteuerten Produktes von fragwürdigem Nutzen überreden will, folgt oftmals nicht allein seinem Profitstreben, sondern ebenso seiner Neigung, durch Ausübung von Macht über den Kunden dessen Energiequellen anzuzapfen. Schließlich ist auch Geld nichts anderes als ein Symbol für die Energieströme, um deren Besitz die Menschen ständig kämpfen: Kein Wunder also, dass wir uns am Ende so leer und ausgepumpt fühlen, wie unser Konto es nach einem solcherart manipulierten Fehlkauf tatsächlich ist. Unser vampiristisches Gegenüber aber hat sich mit unserem Geld und zugleich mit unserer Lebensenergie vollgesaugt.*

Häufiger, als viele glauben mögen, begegnen uns psychisch kranke oder in irgendeiner Weise seelisch gestörte Individuen: Da ihre Lebensenergie blockiert ist, versuchen sie anderen Menschen Kraft abzuzapfen. Meist dringen sie in

Der Angstvampir

* Auf Energie-Vampire am Arbeitsplatz gehe ich im dritten Buchteil ausführlicher ein. Auf die Begegnung mit vampiristischen Verkäufern sollten Sie gefasst sein, wenn Sie das 11. Kapitel lesen.

die Persönlichkeit eines anderen Individuums ein, indem sie diesem Zweifel oder Angst einflößen – Zweifel an bisherigen Vertrauenspersonen oder an sich selbst und den eigenen Fähigkeiten; Angst vor angeblichen Verschwörern oder sonstigen drohenden Katastrophen. Normalerweise können wir den Umgang mit solchen Personen leicht vermeiden, und ich rate dringend, sich insbesondere vor jeder emotionalen Verstrickung zu hüten. Was aber, wenn unser Chef, ein Arbeitskollege – oder gar der eigene Partner – sich als Energie-Vampir dieses Typs entpuppt?

An wen richtet sich dieses Buch?

Achtung, Energie-Vampire! habe ich aufgrund meiner langjährigen Erfahrung mit energetischen Verstrickungen geschrieben. Das eigentliche Problem besteht nicht etwa darin, dass in dieser Welt ein Mangel an Lebensenergie herrschte, sondern in der bedauerlichen Tatsache, dass die meisten Menschen sich ihrer Verstrickungen – sei es als »Räuber« oder als Opfer – überhaupt nicht bewusst sind.

Tatsächlich wird auf diesem Gebiet häufig so unbewusst gehandelt, dass weder der angreifende Energie-Vampir noch sein Opfer eine wirkliche Vorstellung von dem dramatischen Geschehen gewinnen.

Als Versuch, die grundlegenden Gesetze transparent zu machen, die bei der Gewinnung und Verteilung von Lebensenergie wirksam sind, richtet sich dieses Buch daher an alle Menschen, die an der Erweiterung ihres Bewusstseins interessiert sind und mit der Entwicklung des ihnen innewohnenden Potenzials vorankommen möchten.

Darüber hinaus hoffe ich mit dem vorliegenden Buch vor allem folgende Menschen und Gruppen zu erreichen:

Unverarbeitete Traumata ziehen Energie-Vampire an

♦ *Achtung, Energie-Vampire!* soll all den Menschen sofortige Verteidigung ermöglichen, deren psychischer Schutzschild aus irgendeinem Grund defekt oder unvollständig ist. Beschädigungen der Aura – Lecks oder Stellen, an denen die Energie nicht ungehemmt zirkulieren kann – können auf weit zurückliegende Ereignisse zurückgehen, insbesondere auf traumatische Erfahrungen in der frühen Kindheit, die nie richtig verarbeitet worden sind. Aber auch seelische Erschütterungen oder körperliche Wunden aus jüngerer Zeit, etwa infolge einer schmerzlichen Trennung oder eines nur körperlich überwundenen Unfalls, können unsere Aura in Mitleidenschaft ziehen – mit der Folge, dass Energie-Vampire in uns die »leichte Beute« wittern und unsere schlecht gesicherten Lebensenergien hemmungslos zu plündern beginnen. Schützen Sie sich vor den Räubern Ihrer Lebensenergie durch das Sofortprogramm zur Auradiagnose und Aurastärkung in diesem Buch!

Ohne Schutzmaßnahmen ist vor Machtvampiren niemand sicher

♦ Mit *Achtung, Energie-Vampire!* möchte ich alle ansprechen, die im privaten bzw. familiären Bereich und/oder im beruflichen Umfeld den potenziellen Attacken von Energie-Vampiren ausgesetzt sind. Sensitive

Menschen spüren die von Energieräubern ausgehende Aggression zwar ungleich bewusster als andere, doch prinzipiell leidet jedes Individuum, das sich im Wirkungsfeld etwa eines Machtvampirs befindet, unter der atmosphärischen »Verschmutzung«, die ein solcher Angriff nach sich zieht. Mangelndes Bewusstsein bietet hier keinen Schutz – im Gegenteil! Im Umkreis eines Machtvampirs müssen alle, deren Aura geschwächt ist, darauf gefasst sein, dass die Angriffswelle des Räubers in ihrer Psyche wahre Verwüstungen anrichtet: Von plötzlichen Schuldgefühlen über Angstattacken bis hin zu überwältigender Empfindung der eigenen Unterlegenheit, ja Wertlosigkeit werden nicht nur beispielsweise die vom Angreifer ausersehenen Mobbingopfer getroffen, sondern immer wieder auch am »Wegesrand« befindliche Dritte ereilt.

◆ Gerade die Menschen, die im Zeichen der Neuen Spiritualität gelernt haben, sich geistig zu öffnen, können auch bevorzugte Opfer von Energie-Vampiren sein. Wer Erfahrung darin hat, mithilfe von Meditationstechniken seine Chakras – die subtilen Energiezentren – (siehe zweiter Teil) zu öffnen, sollte nun schleunigst lernen, sie auch bewusst wieder zu schließen. Anderenfalls schweben wir ständig in der Gefahr, auch von ungebetenen Gästen, gar von aggressiven Eindringlingen wie den Energie-Vampiren heimgesucht zu werden.

Menschen mit spirituellem Bewusstsein sind besonders gefährdet

Heiler und Helfer • Auch Menschen, deren Beruf es ist, an-
müssen lernen, deren zu helfen, sind in besonderer Weise
sich zu wappnen durch Energieräuber gefährdet. Zum einen werden sie tagtäglich mit psychischen Nöten,
Bedürfnissen, Beschädigungen anderer konfrontiert – ein nicht geringer Teil ihrer Klienten dürfte
den (unbewussten) Energie-Vampiren zuzurechnen
sein. Auf der anderen Seite müssen gerade die Helfer sich für diese psychischen Nöte ihrer Klienten
öffnen, um ihnen wirklich helfen zu können –
daher finden Energieräuber hier die geistigen
»Schleusen« so weit geöffnet wie sonst nur bei
Menschen, deren Aura durchlöchert oder ander-
weitig beschädigt ist. Aus diesem Grund brauchen
professionelle Heiler und Helfer, beispielsweise Psy-
chotherapeuten, unbedingt wirksame Schutztech-
niken, um sich bewusst geistig reinigen, öffnen,
aber auch ebenso zielsicher wieder schließen zu
können.

Neben den bewährten Sofortprogrammen zur
Aurastärkung (siehe erster Teil) oder zur Anlage
eines geistigen Schutzraumes (siehe zweiter Teil)
pflege ich meinen Klienten vor allem eines ans Herz
zu legen: Allzu viele Menschen tendieren dazu, ihr
Unterbewusstsein als eine Art »Schrottplatz« zu
missbrauchen, auf dem sie all die verdrängten Erinnerungen und Schwachstellen deponieren, die
ihr bewusstes Ich für blamabel oder inakzeptabel

hält. Häufig versuchen Energie-Vampire – insbesondere die Räuber vom Typus des Macht- und des Angstvampirs – jedoch unsere Verteidigung zu schwächen, indem sie Schuldgefühle in uns erzeugen. Auf diese Weise unterminieren sie unser Selbstvertrauen, um sich zugleich als Machthaber, der angeblich weiß, »wo es langgeht«, anpreisen zu können oder um fortan ein offenes Ohr für ihr Verschwörungs- oder Katastrophengeraune zu finden. Damit wir uns wirksam vor Energieräubern schützen können, ist es daher von elementarer Wichtigkeit, dass wir nicht nur unsere Aura stärken und pflegen sowie die nötigen Techniken erlernen, um uns geistig schließen zu können: Ebenso wichtig ist es, unser Unbewusstes von allem »Psychoschrott« zu reinigen, mit dessen Hilfe potenzielle Energieräuber sich Zugang in unser Innerstes erschleichen könnten.[*]

---

[*] Auf diesen Aspekt gehe ich insbesondere im 5. Kapitel ein.

Ermitteln Sie Ihre persönliche Energiebilanz und individuellen Gefahrenzonen

Auf den folgenden Seiten finden Sie ausführliche Checklisten, mit deren Hilfe Sie ermitteln können, ob Sie möglicherweise an Energiemangel leiden und wo Ihre Gefahrenzonen liegen: am Arbeitsplatz oder im Freundeskreis, in der Familie, der Partnerbeziehung oder im heimischen Umfeld.

Beantworten Sie die folgenden Fragen möglichst spontan, ohne lange darüber nachzugrübeln. Im Anschluss an die Fragenkataloge finden Sie einige Hinweise zur Auswertung, die Sie aber auch erst lesen sollten, nachdem Sie die Fragen beantwortet haben.

Checkliste I: Persönliches Befinden und Selbsteinschätzung

ja/nein 1. Fühlen Sie sich häufig ohne ersichtlichen Grund erschöpft?

ja/nein 2. Leiden Sie öfter an Albträumen und/oder Schlaflosigkeit, Angstattacken und/oder Depressionen,

Antriebs- und/oder Konzentrationsschwäche, Kopf- ja/nein
schmerzen und/oder Schwindelgefühl?

3. Ärgern oder sorgen Sie sich häufig über einen ja/nein
Mangel an eigener Vitalität?

4. Sind Sie der Ansicht, zu wenig Geld zu haben ja/nein
bzw. in Ihrem Beruf unterbezahlt zu sein?

5. Passiert es Ihnen öfter, dass Sie sich durch die ja/nein
physische und/oder psychische Präsenz eines anderen Menschen bedrängt oder eingeschüchtert
fühlen?

6. Haben Sie häufig in Gegenwart anderer Men- ja/nein
schen das Gefühl, dumm oder unbeholfen, hässlich
oder schwach zu sein?

7. Geschieht es Ihnen öfter, dass Sie sich in der ja/nein
Nähe anderer Menschen nicht konzentrieren können, Ihre Gedanken vergessen oder nicht die richtigen Worte finden?

8. Widerfahren Ihnen nach Ihrer Einschätzung ja/nein
häufiger als anderen Menschen Unglücksfälle oder
Missgeschicke? Würden Sie sich als Pechvogel bezeichnen?

9. Werden Sie öfter als Ihre Nachbarn oder Be- ja/nein
kannten Opfer von Diebstahl oder Raub?

Checkliste II: Arbeitsplatz und Beruf

10. Empfinden Sie öfter Widerwillen gegenüber ja/nein
Ihrer Arbeit bzw. Ihrer beruflichen Situation?

ja/nein   11. Zieht Sie die Vorstellung herunter, nach einem Wochenende oder Urlaub an die Arbeit zurückzukehren?

ja/nein   12. Herrscht an Ihrem Arbeitsplatz eine gespannte Atmosphäre?

ja/nein   13. Ist Ihr Unternehmen/Ihre Abteilung durch starre Strukturen bzw. eine steile Hierarchie geprägt?

ja/nein   14. Wird Ihre fachliche Kompetenz im Kollegenkreis in Zweifel gezogen?

ja/nein   15. Zeigt man Ihnen gegenüber im Kollegenkreis zuweilen Mangel an Respekt?

ja/nein   16. Haben Sie den Eindruck, dass Ihre konkrete Arbeit Ihren Begabungen und Neigungen nicht entspricht?

ja/nein   17. Fühlen Sie sich, wenn Sie morgens an Ihre Arbeit denken, mutlos, verdrossen oder müde?

ja/nein   18. Fühlen Sie sich abends nach der Arbeit häufig ausgelaugt?

ja/nein   19. Wenn Sie manchmal Albträume haben: Spielen Personen oder Umstände aus Ihrer Arbeit darin eine negative Rolle?

ja/nein   20. Falls Sie ein eigenes Unternehmen haben oder ein Geschäft verantwortlich leiten: Gibt es dort Probleme mit der Motivation der Mitarbeiter, mit Fehlzeiten, Diebstahl oder Hader in der Belegschaft?

ja/nein   21. Falls Sie ein Unternehmen besitzen/führen: Macht Ihnen die Konkurrenz durch dreiste Kampfmaßnahmen bzw. durch bessere Ideen und Strukturen zu schaffen?

Checkliste III: Freundeskreis

22. Wenn Sie an Ihre Freunde denken: Zweifeln Sie   ja/nein
öfter daran, von ihnen geschätzt zu werden?

23. Wenn Sie einen Abend oder ein Wochen-   ja/nein
ende mit Ihren Freunden verbracht haben: Fühlen
Sie sich hinterher öfter verunsichert oder depri-
miert?

24. Kommt es häufig vor, dass Freunde Ihre Über-   ja/nein
zeugungen nicht respektieren und versuchen, Sie
zu ihren eigenen Ansichten zu bekehren?

25. Haben Sie in Gegenwart eines Freundes öfter   ja/nein
den Eindruck, von ihm (oder ihr) »erdrückt« zu
werden?

26. Gibt es unter Ihren Freunden Leute, die von   ja/nein
Ihnen häufig Bewunderung oder andere Formen
einseitiger Zuwendung fordern?

27. Falls Sie manchmal Albträume haben: Kom-   ja/nein
men Ihre Freunde oder einer Ihrer Freunde darin
häufiger in negativen Rollen vor?

Checkliste IV: Familie und Beziehung

28. Denken oder fühlen Sie öfter, dass Sie mit Ih-   ja/nein
rem Lebenspartner bzw. Ihrer Lebenspartnerin
nicht oder nicht mehr glücklich sind?

29. Wenn Sie an Ihren Lebenspartner bzw. Ihre   ja/nein
Lebenspartnerin denken: Empfinden Sie spontan

Gefühle wie Überforderung, Verunsicherung oder Angst?

ja/nein 30. Wenn Sie mit Ihrem Lebenspartner bzw. Ihrer Lebenspartnerin intensiv einige Zeit verbracht haben: Fühlen Sie sich dann erschöpft bzw. ausgelaugt?

ja/nein 31. Verlangt Ihr Lebenspartner bzw. Ihre Lebenspartnerin öfter einseitige Zuwendung von Ihnen, zum Beispiel wegen häufiger Erkrankungen, Anfällen von Unwohlsein o. Ä.?

ja/nein 32. Haben Sie den Eindruck, zu Ihrer Lebensgemeinschaft mehr Geld, Ideen, Impulse verschiedenster Art beizusteuern als er oder sie?

ja/nein 33. Kommt es bei Ihnen häufiger als bei Nachbarn oder Bekannten vor, dass Mitglieder Ihrer Familie Dinge verlieren oder bestohlen werden, dass ein Haus oder Auto der Familie aufgebrochen wird?

Falls Sie Kinder haben:

ja/nein 34. Empfinden Sie bei dem Gedanken an Ihre Kinder (oder eines Ihrer Kinder) spontan Verunsicherung, Erschöpfung oder Überforderung?

ja/nein 35. Haben Sie den Eindruck, sich gegenüber Ihren Kindern (oder einem Kind) nicht durchsetzen zu können bzw. als Erzieher versagt zu haben?

ja/nein 36. Widerfahren Ihren Kindern (oder einem Ihrer Kinder) häufiger als anderen Unglücksfälle und Missgeschicke?

37. Werden Ihre Kinder (oder ein Kind) öfter von ja/nein
Altersgenossen verspottet, nicht ernst genommen
oder drangsaliert?

38. Falls Sie manchmal Albträume haben: Spielen ja/nein
Menschen oder Szenen aus Ihrer Familie darin eine
negative Rolle?

Checkliste V: Freizeit

39. Kommt es vor, dass Sie Ihren Mut zusammen- ja/nein
nehmen müssen, um sich vor Ihre Tür zu trauen?

40. Sind Sie der Ansicht, dass man sich heutzutage ja/nein
vor der eigenen Haustür nicht mehr sicher fühlen
kann?

41. Haben Sie manchmal den Eindruck, auf der ja/nein
Straße von jemandem verfolgt zu werden?

42. Sind Sie schon einmal auf der Straße, in einem ja/nein
Park etc. überfallen und beraubt bzw. körperlich
verletzt worden?

43. Passiert es Ihnen häufiger, dass Sie auf der ja/nein
Straße von Sektenwerbern, Meinungsforschern
oder anderen zudringlichen Zeitgenossen ange-
sprochen werden?

44. Geschieht es Ihnen öfter, dass ein Verkäufer Sie ja/nein
partout zum Kauf eines Gegenstandes überreden
will, anstatt Sie in Ruhe wählen zu lassen?

45. Und gelingt es solchen herrischen Verkäufern ja/nein
häufiger, ihren Willen bei Ihnen durchzusetzen?

ja/nein 46. Haben Sie in Cafés, in der U-Bahn oder an anderen öffentlichen Orten öfter das Gefühl, von Blicken durchbohrt zu werden?

ja/nein 47. Denken Sie häufiger, dass Leute in der Öffentlichkeit sich über Sie lustig machen bzw. es an Respekt Ihnen gegenüber fehlen lassen?

ja/nein 48. Fühlen Sie sich nach dem Besuch öffentlicher Plätze oder Einrichtungen, z. B. nach einer Einkaufstour, einem Kino- oder Theaterbesuch, häufig über Gebühr erschöpft oder ausgelaugt?

Auswertung der Checklisten

1. Schritt:
Auszählen der
Ja-Stimmen

Zählen Sie aus, wie oft Sie

a) in allen vier Checklisten zusammen (→ 2. Schritt)

b) in jeder Checkliste für sich (→ 3. Schritt)

mit »ja« geantwortet haben.

2. Schritt:
Gesamtaus-
wertung der
Checklisten
Nullmal »ja«

Sie haben in keiner Checkliste auch nur eine einzige Frage mit »ja« beantwortet? Dann ist Ihre persönliche Energiebilanz – und höchstwahrscheinlich auch die Ihres Partners/Ihrer Partnerin und Ihrer Familie – so positiv wie nur irgend möglich.

Meine Gratulation: Allem Anschein nach verfügen Sie über mehr als genügend Energie, und weit und breit versucht kein Vampir, sich an Ihren Ressourcen zu laben. Damit Sie diesen beneidenswerten Status bewahren können, empfehle ich Ihnen dennoch, die nachfolgend präsentierten Programme zur Energieerzeugung und zur Wappnung gegen Energieräuber durchzuführen.

Sie leiden unter einem geringen oder latenten Energiemangel, der Ihnen bislang vielleicht kaum erst zu schaffen machen mag. Aber Vorsicht: Was fast unmerklich beginnt, kann sich rasch zu größeren Verlusten auswachsen. Lesen Sie weiter in der Einzelauswertung (3. Schritt), um festzustellen, wo Ihre individuelle Gefahrenzone liegt.

Ein- bis fünfmal »ja«

Ihr Energiedefizit ist noch nicht akut gefährlich, aber bereits so erheblich, dass es Ihrer Aufmerksamkeit nicht entgangen sein kann. Vielleicht haben Sie bis jetzt versucht, es vor sich selbst zu verbergen und gegenüber anderen zu überspielen, doch mit diesem Versteckspiel sollten Sie schleunigst aufhören. Über kurz oder lang drohen Ihnen psychische und/oder physische Erschöpfungssymptome, denen Sie jedoch jetzt noch wirkungsvoll vorbeugen können. Lesen Sie zunächst in der Einzelauswertung (3. Schritt) weiter, um herauszufinden, wo sich Ihre individuellen Gefahrenzonen befinden.

Sechs- bis 15-mal »ja«

16- bis	Ihre Energiebilanz ist deutlich negativ!
40-mal »ja«	Sicher ist Ihnen bereits bewusst, dass Sie etwas unternehmen müssen, um Ihren Vitalitätsmangel zu beheben. Auf keinen Fall sollten Sie länger zögern, diesen unguten Trend umzukehren. Lesen Sie weiter in der Einzelauswertung (3. Schritt), wo Sie bei Ihrem Programm zur Revitalisierung ansetzen sollten.

41- bis	Ihre Energiebilanz ist dramatisch negativ!
48-mal »ja«	Sollte einer meiner Leser derart häufig das »Ja« angekreuzt haben, rate ich ihm oder ihr dringend, sich ungesäumt professioneller Hilfe zu vergewissern.

3. Schritt:	Die Einzelauswertung ist in den meisten
Einzelauswer-	Fällen schnell und leicht zu bewerkstelli
tung der	gen:
Checklisten	Haben Sie bei einer bzw. zwei der fünf Checklisten deutlich häufiger als bei den anderen mit »ja« geantwortet? Dann befinden sich dort Ihre individuellen Gefahrenzonen.

Zwei Beispiele	◆ Angenommen, Sie haben insgesamt elfmal mit »ja« geantwortet, davon sechsmal in der II. Checkliste »Arbeitsplatz und Beruf«. Dann leiden Sie allem Anschein nach an einem beträchtlichen Energiedefizit, das überwiegend durch Personen oder Umstände in Ihrem beruflichem Umfeld verur-

sacht wird. Diese energiezehrenden Umstände
können Machtkämpfe und Intrigen im Kollegenkreis (bis hin zu Mobbing) sein, aber auch Unzu-
friedenheit mit dem Beruf, der Position, Bezahlung
etc. – Um mehr über diesen Problemkomplex zu
erfahren, lesen Sie bitte besonders aufmerksam
den dritten Buchteil: *Schutz vor Energie-Vampiren
in Geschäft und Beruf.*

◆ Oder Sie haben, ein zweites Beispiel, insgesamt
13-mal mit »ja« geantwortet, davon je fünfmal in
der I. Checkliste »Persönliches Befinden und Selbst-
einschätzung« und in der IV. Checkliste »Familie
und Beziehung«? Dann leiden Sie offenkundig an
einem beträchtlichen Energiedefizit, das überwiegend durch negative Energien in Ihrem Inneren
verursacht wird und sich schwerpunktmäßig in
Personen und Umständen Ihrer Familie und Ehe
manifestiert. Um mehr über diese Problemkom-
plexe zu erfahren, lesen Sie bitte besonders aufmerksam das 5. sowie das 12. und 13. Kapitel dieses Buches.

Zum besseren Verständnis der weiteren Ausfüh-
rungen möchte ich aber allen Lesern empfehlen,
zunächst den ersten und den zweiten Buchteil zu
lesen. Bereits dort werden Sie viele Hinweise und
Beispiele finden, die auch für Ihre persönliche Situation und Energiebilanz bedeutsam sind.

ERSTER TEIL

Der unsichtbare Schutzschild

In diesem Buchteil wollen wir unsere Aura kennenlernen und ihre schützende Macht erfahren. Wir werden eventuelle Schwachstellen in unserem energetischen Schutzmantel aufspüren und beheben, unsere Aura reinigen, stärken und Maßnahmen für ihre zukünftig regelmäßige Pflege treffen. Denn an einer intakten Aura prallen Energie-Vampire ab.

Längst haben die meisten von uns gelernt, wie wichtig es ist, den eigenen Körper gesund zu erhalten. Wir achten darauf, chemisch unbehandelte Nahrung zu uns zu nehmen, uns möglichst vegetarisch zu ernähren und auf Giftstoffe wie Alkohol, Nikotin oder andere Drogen zu verzichten. Denn nur auf diese Weise kann unser Organismus die Energie erzeugen, die wir für unser physisches Überleben und körperlich-seelisches Wohlbefinden benötigen.

Stärken Sie Ihr energetisches Immunsystem

Doch bewusste Ernährung und Vorsorge für körperliche Gesundheit sind nicht genug! Denn unser physischer Körper ist nur der materielle, für jedermann sichtbare Aspekt unseres Wesens, gleichsam der kompakte Kern einer Gesamtpersönlichkeit, die zu wesentlichen weiteren Teilen aus feinstofflichen Energiekörpern besteht. Daher ist es erforderlich, dass wir unsere körper- und gesundheitsbewusste Lebensweise um regelmäßige Vorkehrungen zur Pflege und Stärkung unserer feinstofflichen Komponenten ergän-

Spirituelle Wellness dient der Aurapflege

zen. Wir müssen dahin gelangen, mit der gleichen Selbstverständlichkeit und Geschmeidigkeit unsere Aura aufzubauen, »fit zu machen« und zu pflegen, wie wir dies – etwa im Wellness-Studio – seit Langem mit unserer Haut und unseren Haaren, mit Muskeln und Sehnen tun. Ein natürliches Aurabewusstsein wird für die fortschrittlichen Menschen des 21. Jahrhunderts so charakteristisch sein, wie es die Entdeckung eines neuen Körper- und Gesundheitsbewusstseins für das späte 20. Jahrhundert war.

1 Lernen Sie in wenigen einfachen Schritten, Auren zu sehen

Schon heute gibt es viele Zeitgenossen, die sich der Aura ihrer Mitmenschen klar bewusst sind. Deutlich sehen oder fühlen sie, ob unsere Aura »fit« ist oder vernachlässigt wirkt, ob sie in energetischer Frische erstrahlt oder matt und glanzlos ist wie das Fell eines kranken Tieres. Und da nicht wenige dieser aurabewussten Zeitgenossen potenzielle Energieräuber sind, ist es von besonderer Wichtigkeit, dass auch wir selbst uns jederzeit unserer Aura bewusst sind und uns auf die Intaktheit unseres schützenden Lichtkleides verlassen können: Sieht oder spürt ein Energie-Vampir, dass unsere Aura geschwächt oder gar löchrig ist, wird er nicht zögern, einen Angriff zu wagen. Umgekehrt werden wir selbst uns sehr viel stärker fühlen, wenn wir über eine starke Aura verfügen und uns dieser auch bewusst sind. Denn eine intakte Aura bringt uns auch in Verbindung mit unserem Höheren Selbst – jener spirituellen Instanz, die unserem kleinen Ich an Stärke und Einsicht weit überlegen ist und mit deren Hilfe wir praktisch jeder Gefahr trotzen können.

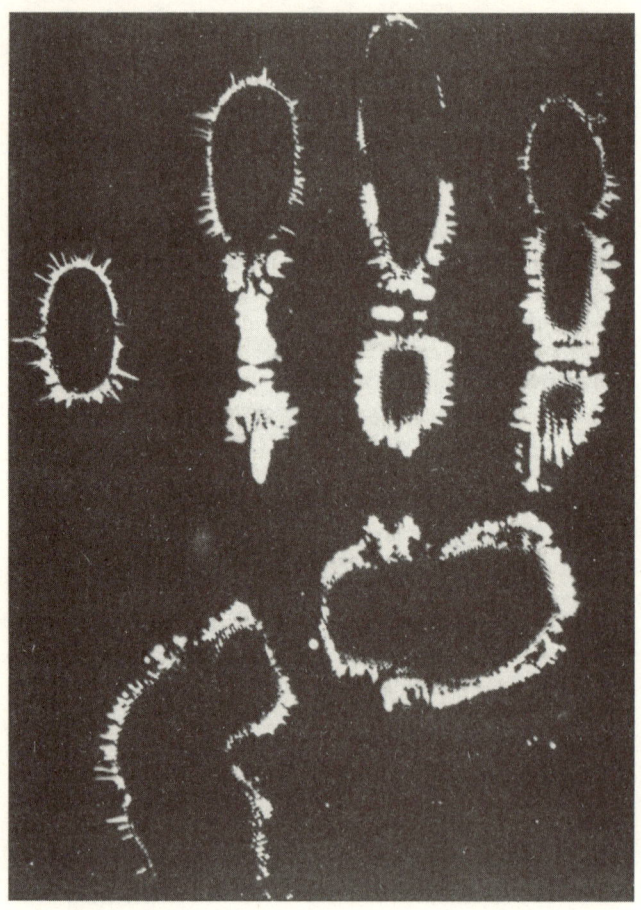

Abbildung 1:
Durch Kirlianfotografie sichtbar gemachte Aura

Aufbau und Funktionsweise der Aura

Weithin bekannt ist mittlerweile, dass sich die Aura mit technischen Mitteln – der Hochfrequenz- oder sogenannten Kirlianfotografie – sichtbar machen lässt (siehe Abbildung 1). Gleichwohl sind sich die verschiedenen esoterischen Strömungen hinsichtlich Struktur und Beschaffenheit der menschlichen Aura keineswegs einig. Gewöhnlich unterscheidet man zwischen den Dimensionen des Materiellen, Emotionalen, Mentalen und Spirituellen, die in unterschiedlichen Frequenzen schwingen und einander vielfältig beeinflussen (siehe Abbildung 2).

Beginnen wir bei der materiellen, für die meisten heutigen Menschen am leichtesten fassbaren Dimension: unserem physischen Körper. In unserem materialistischen Zeitalter sind viele geneigt, diese Dimension überhaupt nicht der Aura zuzurechnen, die ja aus Energie besteht, während unser physischer Körper von greifbarer Materialität ist. Wie uns indessen gerade die moderne Naturwissenschaft lehrt, ist Materie nichts anderes als komprimierte Energie. **Die materielle Dimension**

Von den feineren Energiedimensionen unterscheidet sich die materielle jedoch durch ihre niedrige Schwingungsfrequenz. Obwohl auch unser Körper – wie alle belebten oder unbelebten Objekte – keineswegs statisch ist, schwingt die Materie, aus

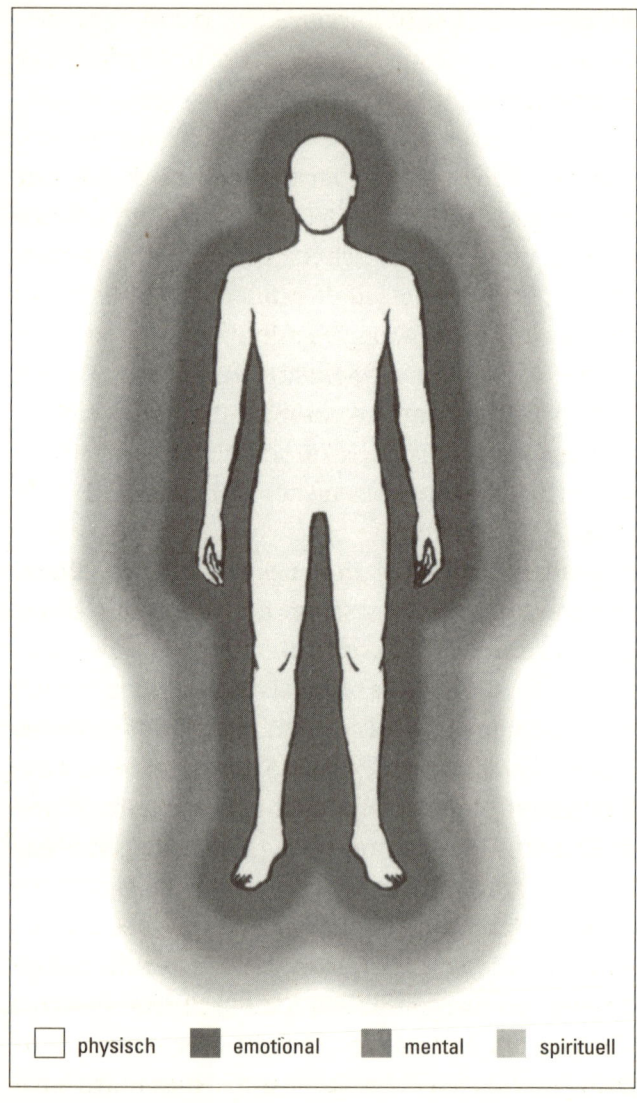

physisch   emotional   mental   spirituell

Abbildung 2: Die vier Dimensionen der menschlichen Aura

der unsere Körper bestehen, doch so langsam, dass für unsere Sinnesorgane der Eindruck kompakter Festigkeit entsteht.

Wie wir unseren physischen Körper auch als komprimiertes Energiefeld beschreiben können, lassen sich die scheinbar unstofflichen höheren Dimensionen der Aura umgekehrt ebenso als feinstoffliche Körper definieren. In diesem Sinn können wir statt von der mentalen Auradimension auch von unserem Mentalkörper sprechen. Er schwingt in höherer Frequenz als der physische Körper, jedoch in niedrigerer als die emotionale (oder astrale) und die spirituelle Dimension. Die mentale Ebene ist die Dimension der Bewusstheit; hier sind der Verstand, unsere bewussten Gedanken und Ideen beheimatet.

Die mentale Dimension

Auf der nächsthöheren Frequenzebene besteht unsere Aura aus der emotionalen Dimension, die vielfach auch als astrale bezeichnet wird. Im Gegensatz zur heutigen westlichen Psychologie mit ihrer einseitigen Wertschätzung von Ratio und Bewusstsein (Mentalebene) erscheinen Emotionen und Unbewusstes im Lichte unserer Aura als eindeutig höhere Funktionen: Sie gehören der Astralebene an, zu der – eben aufgrund heutiger Fetischisierung des Rationalen – die meisten Menschen fast nur noch im Traum Zugang

Die emotionale oder astrale Dimension

haben. Auch in tieferen kreativen Schöpfungspro-
zessen sowie in Trance und mittels anderer Versen-
kungstechniken lässt sich zwar auch in heutiger
Zeit die astrale Wahrnehmungsebene für unser
Bewusstsein erschließen. Da die emotionale Auradimension jedoch normalerweise mit dem Bewusstsein nicht in Verbindung steht, ist sie weitaus
mehr als die Mentalebene durch psychische Angriffe gefährdet.

Allerdings werden die meisten von uns zumindest
einmal im Leben schon die Erfahrung gemacht haben, dass sie plötzlich *spürten* (nicht sahen), wie
sich der Blick von jemandem – zum Beispiel in
einer großen Menschenmenge – auf sie richtete,
oder auf einmal *fühlten* (nicht hörten), dass jemand
sie verfolgte: Solche »übersinnlichen« Warnsignale
verdanken wir unserer Aura, die sich auch als vor-
geschobene »Energiegrenze« unserer Persönlichkeit bezeichnen lässt.

So wie wir es als Territorialstress erfahren, wenn
uns ein fremder Mensch zu eng »auf die Pelle
rückt«, umgibt uns überdies ein – deutlich weiträu-
migeres – Aura-Umfeld: Sobald etwas oder jemand
in dieses energetische Feld eindringt, schaltet sich
unser Aura-Alarmsystem ein. Psychischer Selbstschutz ist also im Grunde recht einfach: Sie müssen
nur lernen, die Sensoren und Alarmsirenen Ihrer
Aura wahrzunehmen und bewusst zu steuern.

Nur durch unsere Aura können wir auch **Die spirituelle** Zugang zu unserem Höheren Selbst er- **Dimension** langen, das auf der spirituellen, in der höchsten Frequenz schwingenden Ebene angesiedelt ist. Durch diesen Kontakt mit dem Höheren Selbst können wir mit der Weisheit des Kosmos und unserer unsterblichen Seele in Verbindung treten, dem unauslöschlichen Energiefunken, dem wir unser Leben verdanken. Während aber die Menschen früherer Epochen etwa auf dem Wege der mystischen Versenkung mit ihrem Spirituellen Selbst in Verbindung zu treten vermochten, ist dem überwiegenden Teil der heutigen Menschen diese Fähigkeit fremd. Durch entsprechende Meditations- und Visualisierungsübungen will ich aber in diesem Buch versuchen, auch in meinen Lesern dieses unschätzbar kostbare innere Vermögen zu erwecken.

Mit einiger Übung können die meisten **Die Farben** Menschen nicht nur ihre eigene Aura und **unserer Aura** die anderer Menschen sehen, sondern aus Farbe, Strahlkraft und Ausdehnung dieses Lichtmantels auch auf den Gesundheitszustand und die Stimmung des Betreffenden schließen. Dabei ist es normalerweise die emotionale Auraebene, die für unser physisches Auge sichtbar wird: Bei gesunden Menschen funkelt und gleißt sie gewöhnlich in kräftigen Tönen von Grün, Gelb, Blau oder Rot.

Die Bedeutung der einzelnen Farben lässt sich nicht objektiv festlegen: Nicht zuletzt hängt sie ab von der Subjektivität dessen, der die Aura wahrnimmt, bzw. von der Persönlichkeit, zu der sie gehört.

Allerdings gibt es einige Erfahrungswerte zu den Bedeutungen der Farben, auf denen auch die Technik der Auradiagnose basiert.

Als Faustregel können wir daher sagen: Im Allgemeinen signalisiert beispielsweise die Farbe Rot sowohl Willensstärke als auch eine Tendenz zum Jähzorn; wenn diese Farbe in Ihrer Aura aber für Sie persönlich etwas anderes bedeutet, haben Sie vermutlich recht mit Ihrer Einschätzung – schließlich ist es Ihre Aura, und niemand ist im täglichen Leben mit ihr vertrauter als Sie.

Grün   ◆ *Grün* ist die Farbe der Gesundheit, des natürlichen Wachstums, der sicheren Erdung.

Rot und Orange   ◆ *Rot und Orange* signalisieren Willensstärke, Durchsetzungskraft, auch Zorn.

Blau   ◆ Aus vorherrschenden *Blautönen* liest der Kundige eine besonnene Grundhaltung, kommunikative Fähigkeiten und spirituelle Weisheit, meist aber auch einen latenten Mangel an Willenskraft und Vitalität heraus.

Gelb   ◆ Dominierende *Gelbtöne* signalisieren eine Dominanz der Mentalebene, also von Verstand und Bewusstheit.

- *Rosa* deutet auf heilende Kräfte, aber auch auf Entscheidungsschwäche. **Rosa**

- *Violett* steht für spirituelle Sicherheit und mediale Begabung. **Violett**

- *Brauntöne* signalisieren Erdverbundenheit, aber auch Verhaftetsein in der Vergangenheit und Unterentwicklung des Ich. **Braun**

- *Weiß* ist die Farbe der Säuberung, Befreiung und Reinheit, die Farbe der Sicherheit und Führung, die aus der Präsenz unseres Höheren Selbst erwächst. **Weiß**

- *Schwarz und Grautöne* schließlich bedeuten Krankheit, energetische Blockaden, bei deutlicher Dominanz von Schwarz auch nahe bevorstehenden Tod. **Schwarz und Grau**

In jedem Fall signalisieren »graue Flecken«, dass die Aura des Betreffenden geschwächt und energetisch verunreinigt ist. Bei Menschen mit partiell grauer Aura kann es sich also um Opfer von Energie-Vampiren oder um ebensolche Räuber auf der Suche nach einem neuen Opfer handeln – und nicht selten sind sie beides in ein und derselben Person. **Graue Auraflecken können von Energie-Vampiren stammen**

Wer nicht sehen kann, mag tasten, fühlen ...

Für den Fall, dass Sie bislang nicht zu den Sensitiven zählen, die über die Fähigkeit zum Aurasehen
verfügen, schalte ich nachfolgend ein kleines
Übungsprogramm ein.

Die Fähigkeit, Auren von Lebewesen zu sehen, wird
oft missverständlich als psychische Begabung bezeichnet. Sie setzt jedoch nicht notwendigerweise
»übersinnliche« Talente voraus. Zwar gibt es viele
medial begabte Menschen, welche die feinstofflichen Komponenten von Lebewesen überwiegend
mit dem Dritten Auge sehen, viele andere aber –
mich selbst eingeschlossen – verwenden ganz einfach ihre physiologischen Sehorgane, um Auren zu
erkennen und zu »lesen«.

Darüber hinaus gibt es jedoch zahlreiche Menschen, die weniger visuell veranlagt sind und daher
auch nach konzentrierter Übung nicht imstande
sind, Auren mit ihren physischen Augen zu sehen.
Sollten auch Sie zu diesem Personenkreis zählen,
keine Sorge: Mit Sicherheit verfügen Sie über eine
andere Möglichkeit, Auren wahrzunehmen.

Der Soforttest Die einfachste dieser Möglichkeiten be-
zur Aurawahr- steht darin, sich kurz und kräftig die Hän-
nehmung de zu reiben und sodann rasch beide Hand-
flächen bis auf einen Zentimeter Abstand einander
zu nähern. Probieren Sie es aus: Ich bin sicher, auch
Sie werden das elektrische Knistern, den schwa-

chen, aber deutlich spürbaren Widerstand bemerken, der beim Aufeinandertreffen der beiden Energiefelder wirksam wird.

Darüber hinaus kenne ich viele Menschen, die Auren gefühlsmäßig »scannen« können. Andere sind imstande, Aussehen und Beschaffenheit von Auren mit erstaunlicher Genauigkeit zu ertasten. Wieder andere – die erwähnten Sensitiven – nehmen die Aura mit ihrem Dritten Auge wahr.

»Scannen« oder ertasten Sie Auren

Sollten Sie also auch nach Absolvieren der unten geschilderten Übungen nicht (oder noch nicht) in der Lage sein, Auren zu sehen, so fragen Sie sich bitte: Welches ist mein »stärkstes« Wahrnehmungsorgan? Versuchen Sie dann entsprechend mit dem Tastsinn, mit Ihrer Intuition o. Ä. Auren zu erspüren.

Und noch ein Hinweis: Für alle im weiteren Verlauf des Buches dargestellten Übungen ist es *nicht* erforderlich, dass Sie imstande sind, Ihre Aura oder die anderer Individuen zu sehen. Bei den Übungen kommt es vielmehr darauf an, Aura, Chakras und andere energetische Phänomene zu visualisieren, also vor dem geistigen Auge zu imaginieren. Wie die Erfahrung beweist, sind diese Visualisierungsübungen umgekehrt geeignet, auch die Fähigkeit zum Aurasehen zu aktivieren.

Kleine Augenkunde

Das menschliche Auge enthält unter anderem sogenannte Stäbchenzellen, und zwar überwiegend an den Rändern unseres Sichtfeldes. Diese Rezeptoren werden bei schwindendem Licht auf biochemischem Weg aktiviert, indem sie die Substanz Rhodopsin (Sehpurpur) synthetisieren. Normalerweise benötigen wir sie, um im Dunkeln sehen zu können; außerdem ermöglichen sie uns, an der Peripherie unseres Sichtfeldes etwas wahrzunehmen. Bei hellerem Licht bleicht der Sehpurpur rasch aus. Wenn wir jedoch bei gedämpftem Licht den Fokus unserer Augen auf den Rand unseres Sehfeldes einstellen – das berühmte »Schielen« der Seher und vieler Figuren auf alten Heiligenbildern –, können wir mit einiger Übung die Aura wahrnehmen, die jedes Lebewesen umgibt.

Vorbereitung auf die Übungen zum Aurasehen

Nehmen Sie sich vor, bei den folgenden Übungen keinesfalls mit verkrampfter Augenstellung zu starren: Was Sie auf diese Weise zu sehen bekommen, mag auf den ersten Blick einer Aura ähneln, im Allgemeinen aber handelt es sich nur um ein täuschendes Nachbild oder »Negativ« der körperlichen Person.

• Die Aura besteht aus durchsichtigen, fluoreszierenden Farben, das Nachbild dagegen ist flächig und meist monochrom.

• Die Aura, ein fließendes Energiefeld, bewegt sich von selbst, das Nachbild dagegen wie ein bunter Schatten des sich bewegenden Körpers: Bleibt dieser regungslos, verharrt auch das Nachbild auf der Stelle.

Faustregeln zur Unterscheidung von Nachbild und Aura

• Die Aura kann die unterschiedlichsten Farben aufweisen, das Nachbild dagegen ist stets das farbliche »Negativ« des Objektes, zu dem es gehört: Trägt eine Person ein weißes Hemd, wird ihr Nachbild in diesem Körperbereich von schwärzlichem Aussehen sein; hat die Person rote Haare, so scheint ein grüner Lichtkranz über ihrem Kopf zu schweben, und so fort.

Setzen Sie sich in bequemer Haltung an einen Ort, an dem Sie nicht gestört werden **Wahl der Übungsstätte** können. Falls sich diese Stätte im Freien befindet, wählen Sie die Morgen- oder die Abenddämmerung. Wenn Sie in einem geschlossenen Raum Platz nehmen, sorgen Sie für gedämpftes Licht. Weder eine künstliche Lichtquelle noch Sonnenstrahlen sollten sich in Ihrem direkten Sichtfeld befinden. Als Hintergrund benötigen Sie eine Fläche in gedämpften, eher dunklen Farben – beispielsweise eine Wand mit einfarbig brauner Bemalung oder das dunkle Grün eines Waldsaums. Zwischen Ihnen und dieser Projektionsfläche sollten möglichst keinerlei Objekte sein, auf die Ihre Augen sich fokussieren könnten.

Entspannung und innere Vorbereitung Schließen Sie nun halb die Augen, und versetzen Sie sich in einen entspannten Zustand, indem Sie geistige Bilder, die angenehme Gefühle in Ihnen hervorrufen, an sich vorüberziehen lassen.

Nehmen Sie sich vor, bei den folgenden Übungen nichts zu forcieren und auch bei eventuellen ersten Misserfolgen nicht die Zuversicht zu verlieren. Auren zu sehen ist – buchstäblich – kinderleicht! Also werden mit hoher Wahrscheinlichkeit auch Sie es schaffen.

Viele Menschen, die seit ihrer Kindheit nicht mehr in der Lage waren, Auren zu sehen, oder sich bewusst überhaupt nicht erinnern konnten, jemals über diese Fähigkeit verfügt zu haben, erlangten diese Gabe sogar ohne jede Übung in einem völlig unerwarteten Moment (zurück). So berichten zahlreiche Überlebende von Unfällen und Katastrophen, dass sie sahen, wie sich Personen in ihrer Umgebung in dramatischen Szenen auf Leben und Tod zu »duplizieren« schienen:

Beispiele für spontanes Aurasehen Jemand wurde bei stürmischer See über Bord eines Schiffes geschleudert – noch während er stürzte, trat als strahlendes Lichtkleid von der Kontur seines Körpers die Aura des Fallenden hervor.

Ein anderer Augenzeuge, Überlebender eines Autounfalls, saß eingeklemmt zwischen den Trümmern des Wagens und beobachtete, wie sich neben ihm die Gestalt des Fahrers zu verdoppeln schien: »In erhabenen Farben leuchtend«, wie er sagte, trat die pulsierende Aura aus dem vornüber gekrümmten Leib des Verletzten hervor und schien sich wie ein eherner Mantel um ihn zu schmiegen. (Nachher bezeichneten es die Ärzte als ein Wunder, dass dieser Mann trotz seiner offenen Wunden nicht verblutet war.)

Nach einigen Minuten der Entspannung öffnen Sie wieder die Augen. Ihre Augenmuskeln sollten nun ebenso entspannt sein wie Ihr Geist.

Erste Übung: Fingerspiele

Führen Sie Ihre Hände, die Finger gespreizt, **Vorbereitung** in Höhe Ihrer Augen langsam aufeinander zu, als ob Sie sie falten wollten. Formen Sie dabei mit Ihren Händen eine imaginäre Kugel, indem Sie zwischen den entsprechenden Fingern beider Hände einen Abstand von etwa einem Zentimeter wahren (siehe Abbildung 3).

Richten Sie nun den Fokus Ihrer Augen mög- **Feine Fäden** lichst entspannt auf den Zwischenraum zwi- **aus Licht** schen Ihren Fingern. Sehen Sie etwa eine Minute lang in diese »Gasse«, die jeweils von den Spitzen beider Zeige-, Mittel-, Ring- und kleinen Fingern gebildet wird und deren Fluchtpunkt sich auf der Projektionsfläche in der Ferne (der Zimmerwand, dem Waldsaum etc.) befindet.

Nach einiger Zeit werden Sie vermutlich zwischen den jeweiligen Fingerspitzen so etwas wie dünne Dampf- oder Rauchschwaden sehen, feine Energiefäden aus schillerndem Nebel, welche die Spitzen Ihrer Finger miteinander verbinden.

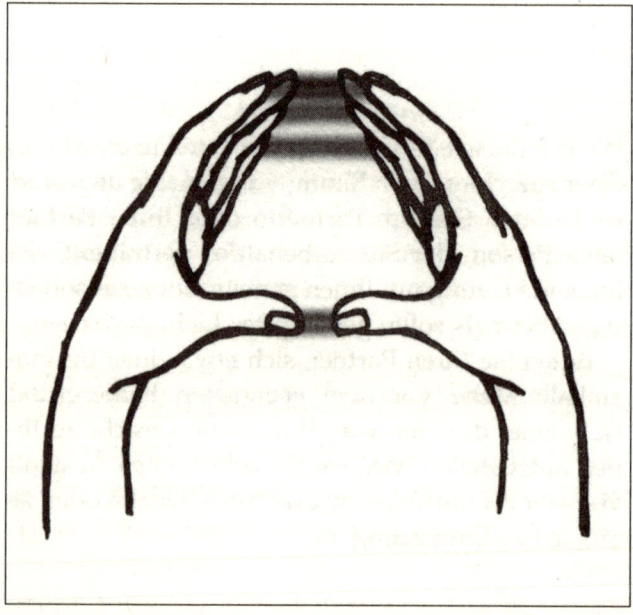

Abbildung 3:
Fingerhaltung bei der ersten Übung zum Aurasehen

Sollten Sie bei dieser Übung nicht sofort er- **Variation und** folgreich sein, bleiben Sie dennoch locker **Wiederholung** und zuversichtlich. Vielleicht probieren Sie es an einem anderen Standort – in einem Zimmer statt im Freien oder umgekehrt – oder zu einer anderen Tageszeit, wenn Sie entspannter sind. Auf jeden Fall sollten Sie diese Übung nach wenigen Minuten des Fokussierens abbrechen und frühestens fünf Minuten später wiederholen, damit Ihre Augenmuskeln sich nicht verkrampfen und Sie statt der Aura nur eine »Pseudoaura«, das oben erwähnte »Nachbild«, sehen.

Zweite Übung: Partneraura

Wählen Sie wiederum einen Ort – im Freien **Vorbereitung** oder in einem geschlossenen Raum –, an dem Sie ungestört sind. Bitten Sie Ihre Partnerin oder Ihren Partner (eine Person, der Sie vorbehaltlos vertrauen), die folgende Übung mit Ihnen gemeinsam zu absolvieren. Abermals sollte gedämpftes Licht herrschen.

Bitten Sie Ihren Partner, sich etwa einen bis eineinhalb Meter vor dem geeigneten Hintergrund (z. B. einer dunklen Wand) mit dem Gesicht zu Ihnen aufzustellen. Wählen Sie selbst einen Abstand von vier bis fünf Metern, und sehen Sie ihn oder sie aus dieser Entfernung an.

Achten Sie darauf, nicht zu starren, sondern mit entspannten Augenmuskeln zu sehen und besonders die Peripherie Ihres Sehfeldes zu nutzen, wo sich der überwiegende Teil der Stäbchenzellen befindet. Heften Sie Ihren Blick nicht auf die Gestalt Ihres Partners, sondern streifen diese nur kurz und fokussieren sich dann auf seine Kontur, etwa auf den Umriss der Schulter oder auf die Schläfe.

Brechen Sie auch diese Übung jeweils nach etwa einer Minute ab, und wiederholen Sie sie frühestens, nachdem Sie Ihren Augen fünf Minuten Ruhe gegönnt haben. Verharren Sie während dieser Ruhepausen sitzend und mit halb geschlossenen Augen.

Ein Kranz aus Strahlen   Nachdem Sie diese Übung zwei- oder dreimal wiederholt haben, werden Sie vermutlich schillernde Dampf- oder Nebelschwaden erkennen, die aus der Schulter oder Schläfe zu dringen scheinen. Sollten Sie mit dieser Übung trotz mehrfacher Wiederholung (Ruhepausen einhalten!) keinen oder nur geringen Erfolg haben, haben sich nach meiner Erfahrung die folgenden Varianten besonders bewährt.

Dritte Übung: Musikalische Aurastimulation

Kaum ein anderer Reiz stimuliert die menschliche Aura – übrigens auch das Energiefeld von Tieren oder Pflanzen – so stark und positiv wie Musik. Welche Mu-

sik geeignet ist, die Aura Ihres Partners oder Ihrer Part-
nerin anzuregen, hängt einerseits vom individuellen
Geschmack ab; andererseits sind bestimmte moderne
Varianten von Popmusik, insbesondere aggressive
Techno- oder Heavy-Metal-Rhythmen, grundsätzlich
mit den Frequenzen unserer Aura unvereinbar.

Ziehen Sie sich mit Ihrem Partner an den un- **Vorbereitung**
gestörten Ort Ihrer Wahl zurück. Stellen Sie die Musik
ein, die Ihrem Partner normalerweise besonders ge-
fällt oder die er für diesen Zweck selbst ausgewählt
hat. Falls es Sie nicht irritiert oder in Ihrer Konzentration stört, können Sie die Musik über Lautsprecher ab-
spielen; anderenfalls bitten Sie Ihren Partner, Kopf-
hörer aufzuziehen. Wiederum sollte gedämpftes Licht
herrschen.

Bitten Sie Ihren Partner, sich etwa einen bis eineinhalb
Meter vor dem geeigneten Hintergrund (z. B. einer
dunklen Wand) mit dem Gesicht zu Ihnen aufzustellen.
Wählen Sie selbst einen Abstand von vier bis fünf
Metern, und sehen Sie ihn oder sie aus dieser Entfer-
nung an.

Achten Sie darauf, mit entspannten Augenmuskeln zu
sehen und besonders die Peripherie Ihres Sehfeldes
zu nutzen. Heften Sie Ihren Blick nicht auf die Gestalt
Ihres Partners, sondern streifen diese nur kurz und
fokussieren sich dann auf seine Kontur, etwa auf den
Umriss der Schulter oder auf die Schläfe.

Nachdem Sie diese Übung zwei- oder drei- **Tanzende**
mal wiederholt haben, sollten Sie schillern- **Strahlen**

de Dampf- oder Nebelschwaden erkennen, die aus der Schulter oder Schläfe Ihres Partners zu dringen scheinen, sich im Rhythmus der Musik bewegen und je nach der Tonhöhe der Melodie auch die Farben wechseln. Die Aura müsste hierdurch sehr viel deutlicher zu sehen sein als bei der vorherigen Übung ohne Musik.

Variation und Wiederholung   Brechen Sie auch diese Übung jeweils nach etwa einer Minute ab, und wiederholen Sie sie frühestens, nachdem Sie Ihren Augen fünf Minuten Ruhe gegönnt haben. Verharren Sie während dieser Ruhepausen sitzend und mit halb geschlossenen Augen.

Sollten Sie wiederum nur geringen oder keinen Erfolg erzielen, bleiben Sie gleichwohl locker und zuversichtlich. Wenn es sich bei dem Partner in Ihren Übungen um eine Person handelt, der Sie vorbehaltlos vertrauen (und umgekehrt), könnten Sie erwägen, ihn oder sie zu bitten, auch an der folgenden Übungsvariante teilzunehmen. Spätestens hier empfiehlt es sich vielleicht, die Rollen regelmäßig zu tauschen, sodass abwechselnd Sie und Ihr Partner oder Ihre Partnerin in die Rolle des Beobachters (oder »Sehers«) bzw. des Beobachteten schlüpfen.

Vierte Übung: Im Strahlenkleid

Wie mir zahlreiche Klienten immer wieder erklärt haben, behindert nichts so sehr die klare Sichtbarkeit der menschlichen Aura wie die Kleidung, die wir auf der Haut tragen. Tatsächlich mag es sein, dass das Aurasehen in vorchristlicher Zeit und in bestimmten klimatisch begünstigten Regionen deshalb so geläufig war, weil die Menschen sich mit spärlicher Bekleidung begnügten. Tatsache ist jedenfalls, dass jede Art von Kleidung die optische Wahrnehmung der Aura erschwert. Hinderlich wirken sich hierbei nicht die verwendeten Gewebe aus – sodass es in dieser Hinsicht keinen Unterschied macht, ob wir synthetische oder natürliche Stoffe benutzen –, sondern die Farbe unserer Kleidung. Das menschliche Auge ist nur begrenzt und nach erheblichem Training in der Lage, die Farben der Aura und die der Kleidung trennscharf zu unterscheiden. Wer wenig oder keine Erfahrung im Aurasehen hat, wird daher statt der Aura oftmals einen vagen Farbenkranz wahrnehmen, in dem sich die energetischen Farben der Aura mit den »profanen« Farben von Hemd oder Hose, Rock oder Bluse vermischen.

Da auch Weiß und Schwarz mit den Aurafarben interagieren, empfehle ich all denjenigen, die nach mehrfacher Wiederholung der Übungen Eins bis Drei keine Erfolge verzeichnen konnten, die folgende Variante zu erwägen:

Vorbereitung   Sofern Art und Charakter der Beziehung zwischen Ihnen und Ihrem Partner dies erlauben, könnte es ratsam sein, die zweite und/oder die dritte Übung in unbekleidetem Zustand zu wiederholen.

Gewiss ist es nicht erforderlich, auf jegliche Bekleidung zu verzichten – beispielsweise könnten Sie sich darauf konzentrieren, den Teil der Aura wahrzunehmen, der Ihren Oberkörper bzw. den Ihres Partners umgibt. Dennoch ist diese Variante durchaus nicht für jeden empfehlenswert (oder akzeptabel), zumal man in un- oder spärlich bekleidetem Zustand möglicherweise noch größere Schwierigkeiten hat, sich mit der erforderlichen Lockerheit zu konzentrieren.

Pulsierende   Wenn Sie sich jedoch hierdurch nicht ablen-
Energien   ken lassen, müssten Sie nach einigen Wiederholungen (Ruhezeiten beachten!) imstande sein, die musikalisch stimulierte und zugleich durch keinerlei Kleidungsfarben verwischte Aura Ihres Partners als schillernde Nebelschwaden, als pulsierendes Energiefeld entlang der fokussierten Partie der Körperkontur zu sehen.

2 Das Aufbauprogramm zur Aurastärkung

Wie die Menschen sich hinsichtlich ihrer körperlichen Gestalt voneinander unterscheiden, so besitzt auch jedes Individuum eine einzigartige Aura. Weder das Zusammenspiel der Farben noch Kontur und Umfang einer Aura sind bei zwei Menschen jemals gleich. Bei vielen Menschen umgibt die Aura ihre körperliche Gestalt so glatt und eng wie eine zweite, leuchtende Haut; bei anderen scheint sie im »Normalzustand« einen Meter oder mehr über die körperlichen Konturen hinaus ausgedehnt. Der Umfang der Aura hängt sicherlich davon ab, ob wir über ein eher hohes oder niedriges Energieniveau verfügen und ob wir energetisch eher nach innen oder nach außen ausgerichtet – also introvertierter Träumer oder Künstler oder extravertierter Gesellschafts- und Tatmensch – sind. **Ausdehnung der Aura**

Auch aus den dominierenden Farben der individuellen Aura kann man mit einiger Übung auf Charakter und Befinden des Betreffenden schließen. So sind Menschen, in deren Aura **Aurafarben und -diagnose**

Blautöne vorherrschen, meist von bedächtigem, nicht allzu vitalem Wesen, und die Aura selbst ist bei diesem Typus selten weit über den Körper hinaus expandiert. Andererseits neigen Individuen, in deren Aura Rot, Orange und Magenta dominieren, zu Jähzorn und Machtstreben, und ihre Aura ist nicht selten überproportional ausgedehnt.

Auralecks und Sofortige Intervention ist indessen für den
Auranarben Auradiagnostiker geboten, wenn die untersuchte Person eine Aura mit schwarzen oder grauen Flecken besitzt: Diese deuten auf äußerst gefährliche Lecks hin, durch welche die Lebensenergie (selbst ohne räuberische »Nachhilfe«) entweichen kann, oder zumindest auf verhärtete Stellen (ich spreche in diesem Zusammenhang von »Auranarben«), an denen der Energiefluss blockiert ist.

Die intakte Aura Je stärker unsere Aura ist, desto weiter
schützt wie ein bietet sie uns über unsere physische Aus-
Immunsystem dehnung hinaus Schutz und Schirm. Als energetisches Immunsystem kann eine intakte und »fit gemachte« Aura uns vor ungesunder Atmosphäre schützen, wie sie etwa in Großraumbüros häufig vorherrscht – und zwar vor krank machendem Elektrosmog ebenso wie vor psychischer Verschmutzung der Atmosphäre durch mobbende Kollegen oder machtgierige Chefs.

Haben Sie jemals darüber nachgedacht, warum die einen ständig von Vertretern, Meinungsforschern oder Sektenanwerbern belästigt werden, während andere von derart zudringlichen Zeitgenossen praktisch unbehelligt bleiben? Die Antwort dürfte Ihnen mittlerweile klar sein: Wer seine Aura gestärkt hat und sich ihrer bewusst ist, vermag auch solche Leute, die einem »nur« Zeit und Nerven rauben wollen, von jeder unerwünschten Annäherung abzuhalten.

Stärken Sie also Ihre Aura mit dem hier vorgestellten Aufbauprogramm – und Sie werden sich fortan größerer Bewusstheit, gestiegenen Selbstvertrauens und höherer Wertschätzung erfreuen. Vor allem aber kann Ihnen kein hinterlistiger Energieräuber mehr Ihre Lebensenergien absaugen, wenn Sie sich den folgenden Visualisierungsübungen regelmäßig unterziehen.

Erster Schritt:
Stärken Sie Ihre Aura in der Säule aus Licht

Erinnern Sie sich an die seltsamen Geschichten von »Säulenheiligen«, die wir alle im Religionsunterricht zu hören bekamen? Dort war die Rede von frommen Männern, die in alttestamentarischer Zeit angeblich tage-, wochen- oder sogar monatelang auf hohen Säulen verharrten, um sich durch solche Askese als gottgefällig zu erweisen. Wie ich mich entsinne, galten diese sonderbaren Heiligen als eher abschreckende Beispiele für eine Frömmigkeit, die sich hochmütig zur Schau stellt.

Doch schon damals, als junges Mädchen von zehn oder zwölf Jahren, spürte ich, dass mit diesen Geschichten irgendetwas nicht stimmen konnte: Warum sollten die Heiligen ausgerechnet auf Säulen klettern und dort über lange Zeiträume in größter Unbequemlichkeit kauern? Die angebotene Erklärung (»aus lauter Hoffart«) überzeugte mich durchaus nicht – auch wenn ich erst viele Jahre später auf eine möglicherweise einleuchtendere Deutung stieß. Die Lösung des Rätsels erreichte mich, wie in meinem Leben so viele Offenbarungen, in einem Traum.

Fallbeispiel: Die Säulenheilige   Damals beschäftigte mich die Problematik einer Klientin, die mich als spirituelle Energie- und Lebensberaterin konsultiert hatte. Es handelte sich um Monica M., eine attraktive junge Frau Ende zwanzig, die sich in einer persönlich schwierigen Lage befand: Sie war im Begriff, sich von ihrem Ehemann zu trennen, der nicht bereit war, sie auf ihrem spirituellen Wachstumspfad weiter zu begleiten (manchmal müssen wir die zurücklassen, die uns bei unserer Entwicklung im Wege stehen). Ihr Partner aber wollte diese Entscheidung nicht akzeptieren und bedrängte sie nahezu unablässig, zu ihm zurückzukehren – wobei er auch vor mehr oder minder subtilen Drohungen bedauerlicherweise nicht zurückschreckte.

Monica war ziemlich verängstigt und durcheinander, als sie mich zum ersten Mal aufsuchte. Daraufhin absolvierte ich mit ihr als Erstes einige Übungen zur Aurastärkung. Die Übung »Säule aus Licht« zählte damals noch nicht zu meinem Programm, da ich erst durch den »Fall Monica M.« und den hierdurch ausgelösten Traum auf diese wunderbare Visualisierung stieß.

Eine turbulente Konsultation

Die erste Konsultation verlief recht turbulent: Nicht nur brach die verstörte Klientin mehrfach in Tränen aus – nach einiger Zeit stand auch ihr rabiater Partner vor der Tür und verlangte von meiner Assistentin, mit Monica sprechen zu dürfen. Obwohl die Assistentin (die schließlich von mir geschult worden war) den zornigen Mann rasch wieder vertrieb, war seine dröhnende Stimme doch bis in mein Sprechzimmer zu hören, wo sie meiner Klientin neuerlichen Schrecken einjagte.

In der Nacht nach dieser stürmischen Sitzung also träumte ich, dass Monica wiederum von ihrem Expartner verfolgt wurde. Verängstigt flüchtete sie vor ihm über eine Art Geröll- oder Trümmerfeld, und auf einmal erkannte ich, dass es sich um »alttestamentarische Ruinen« handelte. Tatsächlich ragten allerorten verwitterte Säulen in den Himmel empor, aber da war eine Säule, wenige Schritte vor der Fliehenden, die sich von allen anderen unterschied:

Traum von der Säulenheiligen

Sie erstrahlte in gleißendem Licht, ja sie schien überhaupt nicht aus Stein, sondern aus schierem Licht zu bestehen. Monica berührte diese Säule mit beiden Händen, und da teilte sich das Licht und ließ sie ein. Nun stand sie *in* der strahlenden Säule, sichtbar wie hinter Glas und von Licht übergossen, und als der Mann ihr zu folgen versuchte – da prallte er an der Lichtwand ab wie an massivem Panzerglas.

Monica aber lächelte im Traum, und während sie noch lächelte, wurde sie in der Säule aus Licht emporgehoben und schwebte langsam aufwärts – bis sie endlich oben, in schwindelnder Höhe, *auf* der strahlenden Säule saß. Eine Säulenheilige!, dachte ich und erwachte im selben Moment.

Die Lichtsäule verbindet uns mit dem Höheren Selbst

Zum Glück hatte ich wie immer mein Traumtagebuch neben meinem Bett liegen (zu diesem bewährten Hilfsmittel vgl. auch Seite 147 f.). So konnte ich sofort diesen eindrucksvollen Traum aufschreiben, der mir die Erklärung des Mysteriums der »Säulenheiligen« bescherte und dem meine Klienten und ich die folgende Übung zur Aurastärkung verdanken. Denn was sonst wäre die Lichtsäule in meinem Traum gewesen – wenn nicht ein wunderbar genaues Bild unserer Aura, die uns schützend umhüllt und uns zugleich (daher die Erhebung *auf* die Säule) in Verbindung mit unserem Höheren Selbst bringt?

Übrigens: Wenige Wochen nach dieser ersten Sitzung hatte Monica M. mithilfe des Aufbauprogramms (in das ich nun auch die Übung »Säule aus Licht« einbaute) ihre Aura und ihr Selbstbewusstsein so weit gestärkt, dass sie ihren einstigen Gefährten ein für alle Mal von der Sinnlosigkeit und Schändlichkeit seines Tuns überzeugen konnte. Nachdem sie ihm mit ruhiger Stimme und klug gewählten Worten ihre Beweggründe und ihre unumstößliche Entscheidung dargelegt hatte, war er sichtlich beeindruckt, ja zerknirscht, wünschte ihr alles Gute für die Zukunft – und bat sie sogar unter Tränen um Verzeihung dafür, dass er sich in den Wochen davor so würdelos aufgeführt hatte.

Übung: Die Säule aus Licht

Begeben Sie sich an einen ruhigen Ort, an dem Sie nicht gestört werden können. Das Licht sollte gedämpft, jegliche Lärmquellen sollten ausgeschaltet sein. Setzen oder legen **Vorbereitung: Finden Sie Ihre glückbringende Stätte** Sie Sich bequem hin, und schließen Sie die Augen. Atmen Sie langsam und regelmäßig ein und aus, bis Sie spüren, dass Ihre körperlichen Spannungen sich lösen und Ihre Aufmerksamkeit sich Ihrer inneren Welt zukehrt.

Stellen Sie sich nun vor, dass Sie mit Ihrem »Dritten Auge« – dem geistigen Sehorgan in Ihrer Stirn, zwi-

schen Ihren physischen Augen – eine Stätte sehen, die
für Sie der Inbegriff des sicheren und glückbringenden
Ortes ist.

Um welche Stätte handelt es sich hierbei? Sie sieht für
jeden Menschen anders aus. Für den einen mag es
eine Waldlichtung sein, für den anderen eine saftige
Bergwiese. Oder verbinden Sie die Vorstellung des
glückbringenden, vollkommen sicheren Ortes mit
einer Kapelle, einer Grotte, einem kleinen Park? Nehmen Sie sich die Zeit, Ihren Ort zu finden. Stellen Sie
ihn sich genau vor, bis Sie ihn lebhaft vor Ihrem geistigen Auge sehen. Und dann gehen Sie hinein.

Spüren Sie, wie wohl Sie sich darin fühlen. Empfinden
Sie, wie die milde Luft dort Ihre Haut streichelt, fühlen
Sie den Boden unter sich, saugen Sie den köstlichen
Geruch ein, den diese Stätte verströmt.

**Die
Lebensachse**
Wie dieser Ort auch sonst beschaffen sein
mag, allmählich erkennen Sie, dass sich in
seiner Mitte eine *Achse* befindet – eine Säule, die sich
senkrecht aus dem Zentrum Ihrer Stätte erhebt und
bis hinauf in den Himmel ragt. Diese Achse ist das
Zentrum Ihres Selbst, der Lebensbaum in Ihrem Innern, der Sie in der Erde verwurzelt und zugleich mit
dem Himmel der Spiritualität hoch über Ihnen verbindet. Sehen Sie sich diese Achse genau an: Sie ist
dicker als eine hundertjährige Eiche, sie wirkt unge-
mein solide und vertrauenswürdig, doch nun erkennen Sie: Ihr himmelhoher Lebensbaum leuchtet wie
ein turmdicker Sonnenstrahl; er scheint massiv wie

uraltes Holz zu sein und besteht doch aus schierer Energie, aus weißem Licht, das stark und gemächlich pulsiert.

Treten Sie in die Lichtsäule hinein. Machen Sie sich bewusst, wie Sie in den senkrechten Lichtschacht eindringen und wie die Strahlen zugleich Ihren Körper sanft durchdringen. Öffnen Sie den Mund, breiten Sie die Arme aus und lassen das Licht in sich ein.

Im Inneren der Lichtsäule

Spüren Sie, wie die Strahlen Ihre Aura massieren, wie beide sich knisternd und prickelnd vermischen und Ihre Aura allmählich so strahlend wie das Licht der Säule wird.

Sehen Sie, wie Ihre Aura sich fließend bewegt, wie jede einzelne Farbe in Ihrem Energiemantel strahlender, glanz- und ausdrucksvoller wird.

Fühlen Sie, wie Ihre Aura sich ausdehnt. Ertasten Sie (gleich, ob mit Ihren körperlichen oder geistigen Fingern) ihren Umfang und ihre Kontur. Machen Sie sich bewusst, dass Ihre Aura von *ovaler* Form ist – von der Gestalt des Eis, der Urform allen Lebens.

Die Aura dehnt sich eiförmig aus

Fahren Sie nun mit den Händen sorgsam überall auf Ihrer Aura entlang. Unterstützen Sie diese Untersuchung mit Ihrem geistigen Auge: Bemerken Sie irgendwo eine Stelle, an der die Energie weniger frei fließt oder gar stockt oder einen Punkt, der von matter Farbe, möglicherweise sogar grau oder schwarz ist? Untersuchen Sie

Tasten Sie die Aura nach Löchern und Narben ab

solche Stellen mit besonderer Sorgfalt und massieren Sie Ihre Aura, bis sie auch dort wieder in leuchtenden Farben erstrahlt.

Massieren und kämmen Sie Ihre Aura
Striegeln und kämmen Sie nun Ihre Aura mit gespreizten Händen. Stellen Sie sich vor, dass sie aus Energiefäden besteht, aus einem Gewebe reinen Lichtes, das Sie von Kopf bis Fuß umhüllt. Ziehen Sie dieses Gewebe behutsam auseinander, erproben Sie, wie weit es sich ausdehnen lässt, und bringen Sie es in die Form, die Ihnen am meisten zusagt. Machen Sie sich bewusst, dass Ihre Aura mit jeder Berührung – durch die Lichtsäule, durch Ihre Hände – an Vitalität, Energiefluss, Strahlkraft gewinnt.

Affirmation   Sagen Sie mehrfach, laut oder im Stillen: *»Ich bin gegen jeden psychischen Angriff gewappnet – einzig positive Energien dringen durch meinen Schutzschild ein.«*

Wiederholen Sie diese Affirmation so lange, bis Sie vollkommen sicher sind, dass Ihr energetischer Schutzschild Sie zuverlässig beschirmt.

Vielleicht empfinden Sie das Bedürfnis, sich noch stärker zu wappnen. In diesem Fall beobachten Sie die Außenfläche Ihrer Aura und sehen zu, wie diese glasklare Fläche allmählich kristallisiert – wie Wasser, das langsam zu Eis gefriert. Ihre Aura ist nun so durchsichtig wie zuvor, aber niemand kann sie mehr ohne Ihr Einverständnis durchdringen: Sie befinden sich in einem unzerstörbaren Oval aus Lichtkristall.

Eingehüllt in Ihre eiförmige Aura, befinden **Begegnung mit**
Sie sich noch immer im Inneren Ihres ener- **dem Höheren**
getischen Lebensbaumes, Ihrer Säule aus **Selbst**
reinem Licht. Diese Lichtsäule sollten Sie nicht verlassen, ohne Kontakt mit Ihrem Höheren Selbst aufgenommen zu haben.

Machen Sie sich bewusst, dass Sie nun ganz langsam
in der Lichtsäule emporschweben. Diese Energieachse
im Zentrum Ihres Selbst verwurzelt Sie in der materiellen Welt und verbindet Sie zugleich mit der spirituellen
Ebene Ihrer Existenz. Spüren Sie, wie Sie in der Lichtachse immer weiter aufwärts schweben, bis Sie ganz
oben angekommen sind. Erleben Sie, wie Sie für einen
Augenblick mit Ihrem Höheren Selbst verschmelzen:
Gleich einem (oder einer) Säulenheiligen sitzen Sie mit
gekreuzten Beinen oben auf der Lichtsäule und schau-
en auf Ihren glückbringenden Ort hinab. Sehen Sie,
wie wunderschön er ist, wie das Licht ihn erleuchtet.

Bedenken Sie in Demut, dass Ihr Höheres Selbst ungleich mächtiger und weiser ist als das kleine Ich, dessen Sie sich normalerweise nur bewusst sind: Es ist
Ihre Verbindung zur Weisheit der Schöpfung, Gottes
oder wie immer Sie dieses kosmische Urprinzip nennen möchten; es symbolisiert Ihre Unsterblichkeit.
Durch Ihr Höheres Selbst haben Sie an der universellen Energie teil, und solange Sie mit ihm in Verbindung stehen, verfügen auch Sie über unerschöpfliche
Energiereserven und sind zu außerordentlichen Taten
und Einsichten fähig.

Lösen Sie sich langsam wieder von Ihrem Höheren Selbst, und spüren Sie, wie Sie in der Lichtsäule wieder abwärts schweben.

Ausklang　　　Wenn Sie auf dem Boden Ihrer Lichtachse angelangt sind, vergewissern Sie sich noch einmal, dass Ihre Aura Sie intakt, strahlend und vor Energie pulsierend umgibt.

Sie sind in Sicherheit. Sie haben die Weisheit Ihres spirituellen Selbst gespürt. Sie sprühen vor Energie. Nichts und niemand kann Sie Ihrer Energie berauben.

Treten Sie in diesem Bewusstsein aus Ihrer Lichtsäule hinaus, durchqueren Sie wieder Ihren glückbringenden Ort und kehren langsam in die äußere Wirklichkeit zurück.

Öffnen Sie die Augen. Sehen Sie Ihre Aura? Sie glänzt und prickelt, sie umhüllt Sie von nun an für immer als unzerstörbare Schutzschicht aus pulsierendem Licht.

Wiederholungs-　In den ersten Wochen empfehle ich diese
frequenz　　Übung einmal täglich (morgens oder abends) zu wiederholen. Später mag es genügen, wenn Sie nur einmal wöchentlich oder sogar nur einmal im Monat in Ihre innere Lichtsäule treten und Kontakt mit Ihrem Höheren Selbst aufnehmen – und eines Tages werden Sie vielleicht spüren, dass das Bewusstsein einer intakten Aura Sie niemals mehr verlässt. Im Wachen nicht und auch nicht im Schlaf.

Zweiter Schritt: Säubern Sie Ihre Aura vom energetischen Unrat des Alltags

Wie wir nach den Mühen des Tages, etwa nach einer Reise, den Staub von unserer Haut und aus unseren Haaren waschen, **Energetische Verschmutzung der Aura** so bedarf auch unsere Aura regelmäßiger Reinigung. Schließlich handelt es sich um einen energetischen Filter, der unzählige Partikel atmosphärischer Verunreinigung von uns abhält. An Tagen, an denen sie viel Stress und Streit, Hektik und Smog erdulden musste, scheint die Aura der meisten Menschen mit negativen Energiepartikeln förmlich gespickt zu sein.

Wer in Ihrer Aura zu lesen vermag, kann Ihnen tatsächlich nach kurzer Musterung auf den Kopf zusagen, welche Widrigkeiten Sie an diesem Tag bewältigen mussten **Schmutz in der Aura blockiert den Energiefluss** – beispielsweise ein Elektrosmog-Bombardement im Büro oder einen Hagel über Wünsche neidischer Kollegen bei der Abteilungskonferenz, wo Ihre Beförderung bekannt gegeben wurde. Was auch immer wir an besonders turbulenten Tagen erlebt haben – abends kann es passieren, dass nicht nur unsere Haut, sondern auch unsere Aura vor Erschöpfung und »Verschmutzung« staubgrau aussieht. Der Energiefluss wird hierdurch behindert und an besonders betroffenen Stellen gar blockiert, wodurch unsere Aura geschwächt und Energie-

Vampiren das räuberische Werk unziemlich erleichtert wird.

Übung: Reinigung der Aura

Damit sich unser Strahlenmantel optimal regenerieren kann und keinerlei negative Gedanken und Gefühle, mit denen wir zuvor bombardiert wurden, wie kleine Stachel doch noch in uns eindringen können, sollten wir unsere Aura in regelmäßigen Abständen einer Reinigung unterziehen.

Um die Visualisierung der Aurareinigung zu erleichtern, empfehle ich meinen Klienten meist, diese Reinigung als kleines Ritual unter der Dusche zu vollziehen. Nicht dass sich Ihre Aura tatsächlich mit Wasser und Seife säubern ließe, aber Sie helfen Ihrem Imaginationsvermögen auf die Sprünge, wenn Sie sich unter der Brause vorstellen, dass ein wohltuender Schauer von Energiepartikeln auf Sie herabsprüht.

Vorbereitung   Ziehen Sie sich für einige Minuten an einen Ort zurück, wo Sie ungestört sind. Am besten wäre es, wenn Sie sich hierfür bereits ins Badezimmer begeben könnten, um sich dort in angenehmer Wärme zu entspannen. Machen Sie sich bewusst, dass Ihre Aura Sie wie stets schützend umgibt. Aber spüren Sie auch, dass Ihre Aura von den Mühen des Tages beansprucht und ermüdet ist. Legen Sie währenddessen Ihre Kleidung ab, um sich, wenn Sie innerlich zur Aurareinigung bereit sind, unter die Dusche zu begeben.

Stellen Sie das Wasser so ein, dass es als **Eine Licht-** sanfter Schauer oben auf Ihren Scheitel auf- **dusche für die** trifft, wo sich das Scheitelchakra befindet **Aura** (siehe Seite 117). Visualisieren Sie, dass es sich bei dem Wasser um leuchtende Energietropfen handelt, die nun die Haut Ihrer Aura reinigen werden.

Spüren Sie, wie die Energietropfen sanft Leuchtende über die Außenfläche Ihrer Aura perlen, um Energietropfen diese zugleich zu säubern und zu vitalisie- perlen über ren. Empfinden Sie, wie die Tropfen an Ihrer die Haut Aurahaut herabrinnen, alle Verunreinigungen mit sich nehmend. Beobachten Sie, wie die leuchtenden Energietropfen schließlich unten im Ausguss verschwinden – auf dem Weg zurück zum kosmischen Urquell aller Energie, wo auch sie gesäubert werden, um endlich recycelt zu uns zurückzukehren.

Während die Tropfen über Ihre Aurahaut strömen, untersuchen Sie diese sorgsam mit Ihrem geistigen Auge und Ihren geistigen Händen: Entdecken Sie irgendwo noch graue, schwarze, verhärtete, verschmutzte Stellen? Massieren Sie diese sanft, bis sich auch die letzte Verunreinigung aus der Aurahaut löst und davongeschwemmt wird.

Wenn Sie sicher sind, dass Ihre Aura voll- **Ausklang und** kommen gereinigt ist, beenden Sie Ihr Dusch- **Wiederholung** bad und frottieren sich trocken, bis Ihre Haut so energetisch prickelt, wie Sie dies soeben bei Ihrer vitalisierten Aura gespürt haben.

Wiederholen Sie diese Übung anfangs wenigstens einmal pro Woche. Später, wenn Sie sich Ihrer Aura bewusster geworden sind, genügt es, das Reinigungsritual immer dann auszuführen, wenn Sie eine Verunreinigung Ihrer Aura spüren.

In jedem Fall sollte die Reinigung der Aura durchgeführt werden, ehe man mit dem folgenden Schritt beginnt.

Dritter Schritt: Stärken Sie Ihre Aura durch Bewusstseinsprogrammierung

Wie ich bereits in der Einführung erwähnt habe, benutzen Energie-Vampire häufig gewisse psychische Materialien – Wunschbilder, unterdrückte Sehnsüchte oder Schuldgefühle –, die manche Menschen auf dem »Schrottplatz« ihres Unterbewusstseins deponieren, wenn diese Vorstellungen ihnen peinlich oder inakzeptabel erscheinen. Es ist ein unumstößliches kosmisches Gesetz, dass wir nur diejenigen Ereignisse, Personen oder Konstellationen anziehen können, zu denen es in unserem Inneren eine Entsprechung gibt. Das Unheil, das einen ereilt, ist folglich durchaus persönliches »Schicksal« – sofern und

solange man nicht darangeht, die »Unheilsmagneten« im eigenen Unterbewusstsein unschädlich zu
machen.

Hierzu zwei typische Beispiele, wie sie mir in meiner Praxis als spirituelle Energie- und Lebensberaterin so oder ähnlich sehr häufig begegnet sind.

Da suchte mich einmal ein junger Mann **Fallbeispiel:**
namens Sean F. auf, der über beträchtli- **Im Energie-**
ches Wissen als Computerprogrammierer **teufelskreis**
und ebenso große berufliche Erfahrung verfügte.
»Aus irgendeinem teuflischen Grund«, wie er mir
gegenüber klagte, »neigen die Abteilungsleiter der
Firmen, in denen ich mich vorstelle, entschieden
dazu, mich zuerst über den grünen Klee zu loben,
um dann meist schon nach wenigen Wochen oder
Monaten ebenso übertrieben an meiner Leistung
herumzumäkeln. Nicht lange, und ich stehe wieder auf der Straße, weil ich entweder resigniert und
von mir aus gekündigt habe oder kurzerhand gefeuert worden bin.«

Noch während mir Sean sein »Schicksal« klagte, las
ich in seinem Leben wie in einem offenen Buch.
Tatsächlich wies seine Aura fast ausschließlich
matte Farbtöne auf – vorherrschend Pastellblau,
das an nicht wenigen Stellen beinahe grau wirkte.

»Du rechnest jedes Mal mit genau dieser **Suggestion des**
ungünstigen Entwicklung«, sagte ich ihm **Scheiterns**
auf den Kopf zu, »und dann wunderst du dich, dass

deine geheime Prophezeiung sich erfüllt?« Wie sich während unserer folgenden Sitzungen immer deutlicher zeigte, suggerierte Sean seinem jeweiligen Chef förmlich, dass er außerstande sei, die in ihn gesetzten Erwartungen zu erfüllen, und es daher am besten sei, ihn wieder auf die Straße zu setzen.

»Das Verrückte dabei ist«, erklärte Sean, »dass ich – zumindest anfangs – ganz genau weiß, dass ich alle geforderten Leistungen mühelos erbringen kann, und mich vor Tatendrang kaum zu zügeln vermag. Aber aus irgendwelchen teuflischen Gründen falle ich plötzlich in ein schwarzes Loch, der Chef beginnt meine Leistungen zu kritisieren, die in der Tat immer miserabler werden – und meistens gibt es dann noch irgendeinen Kollegen aus meiner Umgebung, der auf meine Kosten mit Tatkraft und Ideenreichtum brilliert!«

Auftritt des Energieräubers Wieso auf seine Kosten?, fragte ich, noch hellhöriger geworden.

Sean sah mich verwirrt an. Er wisse selbst nicht genau, wie er das gemeint habe. Aber jedenfalls ... wenn er darüber nachdenke ...

»Beinahe in jeder Firma, wo ich bisher gearbeitet habe«, sagte er endlich, »gab es so einen unscheinbaren Burschen, der sich gleich an mich dranhängte, kaum dass ich dort eingestellt worden war. Anfangs hieß es, er wäre wohl der Nächste, der in diesem Laden gefeuert würde, und umso ergebener, beinahe hündisch bewunderte er meine Ener-

gie, meine Brillanz und so fort. So viel Schmeichelei
tut schließlich jedem gut – wer stößt schon so
einen Kerl zurück, der einem hemmungslos um
den Bart geht?

Aber irgendwie«, fuhr Sean nachdenklich fort,
»kehrt sich das Verhältnis jedes Mal mit der Zeit
um: Auf einmal ist *er* es, der voller Tatkraft und Er-
findungsgeist die schwierigsten Probleme löst; auf
einmal bekommt *er* jede Menge Lob und Gehalts-
zulagen vom Chef der Abteilung, der im gleichen
Maß dazu übergeht, mir abschätzige Blicke zuzu-
werfen ... Auf rätselhafte Weise ist dann wieder eingetreten, was ich vorab befürchtet hatte – und
noch rätselhafter ist, dass der früher so unschein-
bare Kollege und ich glatt die Rollen getauscht
haben!«

Ein klarer Fall von Energie-Vampirismus,
diagnostizierte ich: Mit seiner geschwäch-
ten, stellenweise durchlöcherten Aura
**Ein klarer Fall
von Energie-
Vampirismus**
konnte Sean den (wohl unbewusst ausgeführ-
ten) Raubzügen des Kollegen, der sich mehr und
mehr mit seiner Lebensenergie vollsaugte, wenig
Widerstand entgegensetzen. Im Gegenteil: Da er
jedes Mal im Voraus damit rechnete, wieder in
den »verdammten Teufelskreislauf« zu geraten,
öffnete er sich durch solche negativen Gedanken
auf der emotionalen und mentalen Ebene weit wie
ein Scheunentor – eine Einladung zum Energie-
raub, die der an mangelnder Lebenskraft leidende

Kollege intuitiv spürte und natürlich ohne Zögern annahm.

Fallbeispiel:
Geraubte
Liebesenergie

Die zweite Fallgeschichte, die ich hier schildern will, scheint mir in mancherlei Hinsicht von einem »typisch weiblichen Schicksal« zu handeln. Um jedes Missverständnis auszuschließen, möchte ich aber nochmals in Erinnerung rufen, was ich unter »Schicksal« verstehe: Ereignisse, Umstände oder Personen, die wir in der äußeren Wirklichkeit anziehen, weil sie gewissen Konstellationen in unserem Inneren entsprechen. Anders gesagt: Ändern wir die Strukturen in unserem (Unter-)Bewusstsein, so haben wir zugleich unser »Schicksal« geändert, uns also – sofern es sich um widriges Schicksal handelt – vor Unheil, Krankheit oder Schlimmerem bewahrt. Schicksal ist nicht dasjenige, in das wir uns zu schicken haben, sondern etwas, das wir uns selbst »zugeschickt« haben.

Ein »typisch
weibliches
Schicksal«?

Nennen wir die junge Frau Lola S. In der Tat war sie von südamerikanisch anmutendem Temperament und von so »rassigem« Äußeren, dass sie sich vor jungen und älteren Verehrern kaum zu retten vermochte. Was ihr unter anderen Umständen vielleicht geschmeichelt hätte, wurde für Lola jedoch zum Problem: Sie arbeitete als Kellnerin in einem Abendlokal, und »aus irgendwelchen finsteren Gründen«, wie sie mir erläuterte, »lassen es die Männer mir gegenüber in beschämendem Ausmaß an Respekt fehlen!«

Nun war Lola S., wie ich mit eigenen Augen sehen konnte, durchaus keine leichtfertige junge Frau, die den Männern durch ihre Kleidung, grelles Make-up oder körpersprachliche Signale suggeriert hätte, dass sie auf ein Abenteuer aus sei. Dennoch erhielt allein sie immer wieder unschickliche Anträge von männlichen Gästen in jenem Lokal; dabei hatte sie dort eine ganze Reihe junger Kolleginnen, die nicht weniger hübsch (und in einigen Fällen auch leichtlebiger) als sie waren. Nicht selten geschah es sogar, dass mehr oder minder kopflose Verehrer ihr im Dunkeln vor dem Lokal auflauerten, ihr durch die Nacht folgten, sie bedrängten, ihr gewisse Worte nachriefen und so fort. Nachdem sie schließlich zweimal in Situationen geraten war, in denen sie – nach eigener Einschätzung – »um ein Haar sexuell missbraucht worden wäre«, entschloss sie sich, meinen Rat einzuholen.

Auch in diesem Fall war es für mich nicht schwer zu erkennen, dass die auffällige Häufung mehr oder minder gewaltsamer, sexuell motivierter (verbaler oder körperlicher) Übergriffe irgendeine Entsprechung im Unterbewusstsein von Lola S. finden musste.

Die scheinbar naheliegende Erklärung, dass die junge Frau »sich insgeheim wünschte«, was ihr dann in der Tat laufend widerfuhr, konnten wir rasch ausschließen: Tatsächlich lebte Lola glücklich in einer Partnerbeziehung, und wie ich hinzufügen darf, handelt es sich bei dem Erklärungsmuster »verdrängte Nymphomanie« im Allgemeinen wohl eher um illusionäre Männerfantasien.

Verdrängte Kindheitstraumata Als sehr viel plausibler – und letztlich als zutreffend – erwies sich vielmehr die folgende Erklärung: Aufgrund gewisser höchst unerfreulicher Vorfälle in ihrer Kindheit und frühen Jugend war Lola unbewusst ständig auf derlei sexuelle oder sexuell getönte Übergriffe gefasst. Durch diese furchtsame Erwartung, abermals zum Opfer zu werden, zog sie immer wieder potenzielle Täter an – daher die auf den ersten Blick erstaunliche Häufung von zudringlichen Verehrern in ihrer Umgebung. Zugleich hatten die traumatischen Ereignisse in ihrer Kindheit, die Lola nie richtig verarbeitet hatte, in ihrer Aura grausame Spuren hinterlassen: Schon bei unserer ersten Begegnung war mir aufgefallen, dass das Energiefeld der jungen Frau auf dem Rücken, in Höhe der Schulterblätter, eine hässliche graue Auranarbe aufwies.

Den inneren Angreifer unschädlich machen In beiden Fällen – bei Sean F. wie bei Lola S. – gelang es, mit meinem Sofortprogramm die geschwächte Aura zu stärken, löchrige Stellen zu schließen und insgesamt das Energiefeld sowohl zu vitalisieren als auch gegen Angriffe von *außen* zu härten.

Als ebenso wichtig erwies es sich jedoch hier wie dort, potenziellen Energie-Vampiren das Handwerk zu legen, indem wir auch latente Angriffe von *innen* unterbanden. Die einfachste Methode, um die schädliche Wirkung energetischer »trojanischer Pferde« im eigenen Innern zu neutralisieren, besteht darin, dass man zugleich mit einer aurastärkenden Visualisierungsübung sein Bewusstsein neu programmiert.

Wie ich im folgenden Buchteil noch zeigen werde, ist es unbedingt empfehlenswert, zusätzlich das eigene Unterbewusstsein von allen negativen Gedanken, Gefühlen und Bildern zu reinigen: Nur so können wir sicher sein, dass potenzielle Energie-Vampire durch Altlasten auf unserem inneren »Schrottplatz« gar nicht erst angezogen werden.

Als Sofortmaßnahme zur Aurastärkung aber hat es sich bewährt, bereits vor diesem notwendigen Clearing des Unterbewusstseins eine geistige Barriere zu errichten, die äußere Aggressoren selbst dann nicht überwinden können, wenn sie – wie bei Sean und Lola – durch »Unheilsmagneten« in unserem Inneren angelockt worden sind.

Übung: Programmieren Sie Ihr Bewusstsein

Vorbereitung: Begeben Sie sich an einen ruhigen Ort, an
Aura aufblasen dem Sie nicht gestört werden können. Das
Licht sollte gedämpft, jegliche Lärmquellen sollten
ausgeschaltet sein. Setzen oder legen Sie Sich bequem hin, und schließen Sie die Augen. Atmen Sie
langsam und regelmäßig ein und aus, bis Sie spüren,
dass Ihre körperlichen Spannungen sich lösen und
Ihre Aufmerksamkeit sich Ihrer inneren Welt zukehrt.

Machen Sie sich bewusst, dass Ihre gestärkte und vitalisierte Aura Sie als farbiges Feld aus pulsierender
Energie umgibt. Sehen Sie sich Ihre Aura mit Ihrem
geistigen Auge genau an, betasten Sie sie mit Ihren
geistigen Händen: Ihre Aura liegt eng an Ihrem Körper
an wie ein maßgeschneiderter Anzug aus purem Licht.
Atmen Sie nun tiefer ein und aus, und fühlen Sie, wie
Ihre Aura sich mit jedem Einatmen ausdehnt und mit
jedem Ausatmen zusammenzieht. Ihre Aura ist wie
eine zweite, feinstoffliche Haut, die sich eng um Sie
schmiegt, die Sie prickelnd auf sich fühlen.

Spüren Sie, wie Ihre Aura sich mit jedem Atemzug
weiter ausdehnt. Beim Ausatmen zieht sie sich nun
nicht mehr zusammen, sondern bläht sich weiter und
weiter auf wie ein Ballon, den Sie mit Ihrer Atemluft
füllen.

Fühlen Sie, wie Ihre Aura an Umfang gewinnt, und sehen Sie, wie sie ihre Form verändert, je weiter sie sich
von der Kontur Ihres Körpers entfernt.

Atmen Sie so lange Luft in Ihre Aura hinein, bis sie
wieder die Form eines großen Eis angenommen hat.
Sie befinden sich nun abermals im Innern eines großen Ovals aus weißem Licht.

Tasten Sie abermals mit Ihren geistigen Hän- **Wappnung der**
den über die Außenfläche Ihrer Aura. Spüren **Aura durch**
Sie, wie hart sie bereits ist, ein mentaler **Bewusstseins-**
Schutzschild, an dem die Angriffe von Ener- **program-**
gie-Vampiren abprallen. Machen Sie sich mit **mierung**
der Beschaffenheit des Schutzschildes vertraut, bis Sie
seine Präsenz weiterhin spüren, auch wenn Sie ihn
nicht mehr mit den geistigen Händen betasten.

Sagen Sie mehrfach, laut oder im Stillen: Erste
»Ich bin gegen jeden psychischen Angriff ge-   Affirmation
wappnet. Einzig positive Energien dringen durch mei-
nen Schutzschild ein.«

Sprechen oder denken Sie diese Affirmationen im
Gleichklang mit Ihrer Atmung. Wiederholen Sie sie
sieben- oder zwölfmal – beides sind Frequenzen, auf
die das menschliche Unterbewusstsein erwiesener-
maßen am besten anspricht. Auf diese Weise programmieren Sie in Ihrem Bewusstsein die Gewissheit,
dass Ihr Schutzschild Sie auch vor Angriffen bewahrt,
die durch »Unheilsmagneten« in Ihrem Inneren ausgelöst sein mögen.

Beobachten Sie, wie diese Programmierung   Stacheln
sich auf Ihre Aura auswirkt: Aus der glatten   aus Licht
Oberfläche aus Licht treten überall spitze Stacheln hervor, wie bei einem Dornbusch oder bei einem Igel, der

sich gegen einen Angreifer wappnet. Die Aura selbst bildet funkelnde Lichtspitzen auf ihrer Oberfläche, die sich in alle Richtungen nach außen sträuben. Immer zahlreicher werden die Lichtspitzen, bis die gesamte Oberfläche Ihrer Aura lückenlos mit den funkelnden Stacheln bedeckt ist.

Tasten Sie – behutsam, um sich nicht zu verletzen – mit Ihren geistigen Fingern über das Meer von Lichtspitzen, das Ihre Aura bedeckt.

Zweite Affirmation   Wiederholen Sie mehrfach, laut oder im Stillen: »*Mein Schutzschild wird jeden besiegen, der mich angreift – auch dann, wenn der Angreifer durch negative Gedanken in meinem Inneren angelockt worden ist. Denn die Stacheln und Spitzen meiner Aura lassen einzig positive Energien durch.*«

Wiederholen Sie diese Affirmation so lange, bis Sie sich der schützenden Lichtstacheln auf Ihrer Aura auch dann vollkommen bewusst sind, wenn Sie nicht mehr mit Ihren geistigen Fingern darüber tasten.

Dritte Affirmation   Beobachten Sie nun, wie die Stacheln und Spitzen sich wieder in die Oberfläche Ihrer Aura zurückziehen. Sagen Sie, laut oder im Stillen: »*Wenn ich die Stacheln brauche, sind sie augenblicklich da.*«

Spüren und sehen Sie, wie die Oberfläche Ihrer Aura wieder glatt und ebenmäßig wird.

Ausklang und Wiederholung   Nachdem Sie mit Ihrem neuen Auraschutz vollkommen vertraut und seiner schützenden Wirkung sicher sind, konzentrieren Sie sich wiederum auf Ihre Atmung. Machen Sie sich bewusst, dass Ihre Aura sich nun mit jedem Ausatmen wieder zusammenzieht, bis sie sich erneut eng an Ihren Körper anschmiegt.

Öffnen Sie die Augen, und kehren Sie allmählich in die äußere Wirklichkeit zurück.

In den folgenden Tagen empfiehlt es sich, mehrfach – locker und beiläufig – zu überprüfen, ob Ihre Aura tatsächlich auf Ihre willentliche Steuerung hin ihre Stacheln ausfährt. Um gänzlich sicherzugehen, sollten Sie diese Übung während der ersten Monate einmal wöchentlich wiederholen. Spätestens dann werden Sie zuinnerst überzeugt sein, dass Ihr neuer Auraschutz Ihnen bei Gefahr jederzeit zur Verfügung steht.

3 Wenn Sie in Not geraten: SOS-Maßnahmen zur Sofortverteidigung

Je mehr Energie wir selbst in uns erzeugen können, desto leichter und wirksamer vermögen wir uns gegen Angriffe von Energie-Vampiren zu verteidigen. Daher rate ich meinen Klienten stets, durch regelmäßige geistige und Körperarbeit – vor allem durch Yoga und Meditation – kontinuierlich Energie aufzubauen. Wenn unsere Energietanks randvoll gefüllt sind, können wir nicht nur spontan jede vampiristische Aggression abwehren; wir vermögen dann den geistigen Schutzschild unserer Aura notfalls sogar auf Dritte auszudehnen – etwa auf unsere Kinder oder auf kranke Menschen in unserer Obhut –, die ohne energetische Soforthilfe wehrlos wären.

Eine luxuriöse Verteidigungsmethode: Überschwemmen Sie den Angreifer mit Energie

Nur »Energiemillionären«, die außerdem in hohem Maß den Fluss ihrer Energien zu kontrollieren vermögen, empfehle ich eine Verteidigungsmethode, die sich allerdings bereits in biblischen Zeiten bewährt hat: Haben Sie schon einmal versucht, einen Angreifer *mit Ihrer Liebe zu ertränken?*

Eine Autopanne im Slum Noch heute überläuft mich ein leiser Schauder, wenn ich mir das heruntergekommene Viertel am Rande von Mexico City in Erinnerung rufe, in dem ich vor vielen Jahren mit meinem Wagen eine Panne hatte. Mitten in schönster Fahrt erstarb der Motor, und ich musste an den Straßenrand rollen. Augenblicklich war mein Kleinwagen von einem Rudel Halbwüchsiger umringt, die in erstaunlichen Mustern und Farben tätowiert waren und lässig mit ihren Butterflymessern spielten.

Eine Gegend wie aus finsteren Albträumen Auf beiden Seiten der Straße, so weit man sehen konnte, zogen sich verwahrloste Mietblocks dahin. Umgeworfene Abfalltonnen lagen auf den Gehsteigen, und auf den bräunlich verbrannten Überresten einer kleinen Wiese stiegen Flammen und pestschwarze Rauchschwaden aus einem Stapel Autoreifen auf, den irgendjemand angezündet hatte. Es war eine Gegend, in die man nicht einmal in Albträumen geraten wollte.

Aber nun hatte es mich »in Wirklichkeit« dorthin verschlagen, und die acht oder zehn Jugendlichen, die meinen kleinen Honda umringten, begannen bereits, mit Fingerknöcheln und Fäusten gegen Türen und Fenster zu schlagen. Die »Yankeelady«

solle endlich herauskommen, johlten sie, falls ich ihr gebrochenes Amerikanisch richtig verstand.

Ich atmete tief ein, dann stieß ich die Fahrertür auf und stieg aus.

Praktisch im selben Moment schlossen sich eisenharte Finger um mein rechtes Handgelenk. Ich musste meinen Kopf weit zurücklegen, um in das Gesicht des Bandenanführers sehen zu können, der mich dicht an sich herangezogen hatte und sich offenkundig an meiner Angst – und an der Bewunderung seiner Gangmitglieder – zu weiden gedachte.

Doch ich tat ihm nicht den Gefallen, Angst zu zeigen. Um die Wahrheit zu sagen, mir war elend vor mühsam unterdrückter Panik, aber ich schaffte es, mir keinerlei Sorge um mein körperliches Wohl oder um die Schecks und Kreditkarten in meiner Handtasche anmerken zu lassen. **Der Gangster mit vernarbter Aura**

Stattdessen sah ich dem Anführer – einem hageren Burschen mit stechendem Blick, der sich ein umgekehrtes Kreuz auf die Stirn hatte tätowieren lassen – konzentriert und so gelassen wie möglich in die Augen. Auf den ersten Blick hatte ich gesehen, dass seine Aura an den Rändern zwar zornrot war, aber viele graue Flecken und Narben aufwies. Kein Zweifel, der Junge litt an akutem Energiemangel. Und was immer er von mir fordern würde – Geld, Unterwerfung, meinen Wagen –, in Wahrheit benötigte er nichts dringender als Lebensenergie.

Die Sturmwelle der Liebe Und so *lächelte* ich ihn an. Ich ließ das Gefühl der *Liebe* in mir entstehen, selbstloser, mitleidiger Liebe für diesen abgerissenen Anführer, der in seinem jungen Leben sicherlich schon schreckliche Dinge erlebt hatte. Ich spürte, wie die Liebe in mir zu einer Woge wurde, wie meine inneren Schleusen sich öffneten, wie alle Kanäle in meinem Inneren sich mit schierer Liebe füllten, einem Schwall kräftigender Lebensenergie, den ich mit der Wucht einer Sturmwelle auf meinen Angreifer niedergehen ließ.

Ich lächelte noch immer, als der Anführer meine Hand wie in Trance losließ. Auf seinem Gesicht malte sich nun ein Grinsen, das nicht unbedingt intelligent, aber zweifellos harmlos, ja kindlich wirkte. Weiterhin konzentrierte ich mich auf das Gefühl der Liebe für ihn, selbstloser, altruistischer, nonnenhafter Liebe, und wieder spürte ich, wie eine wahre Energiewelle von mir zu ihm hinüberschwappte.

»José«, befahl er mit heiserer Stimme einem seiner Kumpanen, die uns beide verständnislos anstarrten, »du kennst dich doch mit Autos aus – reparier den Wagen dieser Lady!«

Weiterhin zwang ich mich, Energie in seine Richtung strömen zu lassen. Nur allzu gern hätte ich auch José mit einer kleinen Extraportion meiner Lebensenergie bedacht, aber mittlerweile spürte ich, dass meine Vorräte zur Neige gingen. Glücklicher-

weise gehorchte der mechanisch begabte Nach-
wuchsgangster seinem übertölpelten Boss aufs
Wort, und da er nur irgendein Kabel, das sich gelöst
hatte, unter der Motorhaube wieder einstöpseln
musste, saß ich wenige Minuten später bereits wieder in meinem Wagen und jagte mit aufheulendem
Motor davon ...

Vermutlich hat der Anführer bis heute   **Liebe siegt**
nicht begriffen, was bei dieser Konfrontati-   **über Hass und**
on geschehen war: Ich hatte erkannt, dass   **Gewalt**
er an Energiemangel litt und mir daher Lebensenergie rauben wollte. Also hatte ich mich entschlossen, »freiwillig« Energie in seine Richtung
fließen zu lassen; mit anderen Worten: Ich hatte
mir suggeriert, diesen struppigen und gefährlichen
Burschen auf selbstlose, altruistische Weise von
ganzem Herzen zu lieben. Dadurch, und weil ich
über gut gefüllte Energiereservoirs verfügte, war es
mir gelungen, ihn mit meiner Lebensenergie regelrecht zu überschwemmen, mit meiner Liebe förmlich zu ertränken. Auf diese Weise war seine aggressive Spannung augenblicklich erlahmt, und
sein Verstand war minutenlang durch die Emotionen getrübt worden, die ihn auf einmal über-
schwemmt hatten.

Doch sehr viel länger als diese wenigen Minuten
hätte ich den selbstzerstörerischen Energiefluss
nicht aufrechterhalten können. Hätte José für die
Reparatur meines Wagens auch nur ein wenig län-

ger gebraucht, ich wäre wie ein leerer, schlaffer Ballon zu Boden gesackt – oder zumindest hätte sich der Anführer, frustriert durch das Versiegen des Energiestroms, auf seine gewöhnlichen Raubmethoden besonnen.

Liebe ist reine Lebensenergie Nachher, allein in meinem Wagen, weinte ich: vor Erschöpfung und weil sich die unterdrückte Panik nun doch noch Bahn brach, aber auch aus Dankbarkeit über meine Rettung und mit einem sonderbaren Gefühl »heiligen Triumphes«. Auch wenn ich meinen Klienten und Lesern gewiss nicht empfehlen kann, diese luxuriöse Verteidigungsmethode unter vergleichbar extremen Bedingungen anzuwenden, macht der Vorfall doch deutlich, dass die großen Religionen und Heiligen mit ihrer Botschaft der Liebe zweifellos recht haben:

Die Liebe ist die stärkste Macht im Universum, denn Liebe ist reine Lebensenergie.

Wer einen Zugang zu diesem Energiereservoir findet, lässt augenblicklich von jeder Aggression ab, was umgekehrt beweist, dass es bei praktisch allen Aggressionen und Konflikten zwischen Menschen um dieses kostbare Gut des Universums geht: Lebensenergie.

Spontane Visualisierung der Lichtsäule

Jessica R. war Ende zwanzig, als sie sich mit der Bitte um spirituelle Energie- und Lebensberatung an mich wandte. Ihr Problem: Aus beruflichen Gründen (sie arbeitete als Krankenschwester im Schichtdienst) musste sie regelmäßig während der Nachtstunden zwischen ihrer Wohnung und der Klinik einen Fußweg hinter sich bringen, der sie auch durch einen schlecht beleuchteten Park führte. In dieser Grünanlage, die mit hohen Bäumen und dichtem Buschwerk bepflanzt und entsprechend unübersichtlich war, hatten sich mehrfach höchst unerfreuliche Übergriffe ereignet: Spaziergänger waren beraubt, Passanten mit Messern bedroht, insbesondere weibliche Parkbesucher auch sexuell belästigt worden.

Fallbeispiel: Auraschutz gegen sexuelle Belästigung

In jenem Sommer, als sie mich zum ersten Mal aufsuchte, hatte Jessica selbst bereits einige unangenehme Situationen in dem nachtdunklen Park erlebt: Ein glatzköpfiger Mann war vor ihr aus einem Busch gesprungen, hatte sich allerdings »im letzten Moment« von ihr abgewandt und war über die Wiese davongerannt; ein anderes Mal hatte sie an der nächsten Wegbiegung »Silhouetten von Wegelagerern« erspäht, die indessen auf einmal in alle Richtungen davonstoben.

Diese Berichte der jungen Frau, die besorgt, aber durchaus nicht verängstigt wirkte, bestärkten mich in der Diagnose, die ich nach einer ersten Analyse ihrer Aura bereits gestellt hatte: Jessica R. war eine starke, selbstbewusste Persönlichkeit, mit einer gesunden, eiförmig ausgedehnten Aura, in der Magenta (Willensstärke) und kräftige Blautöne (Besonnenheit) vorherrschten.

Dennoch war ihre Sorge, in dem nächtlichen Park über kurz oder lang belästigt zu werden (oder Schlimmeres), nicht von der Hand zu weisen – zumal bereits die in ihrem Unterbewusstsein sich einnistende Besorgtheit eine Bresche für potenzielle Energieräuber schuf.

Neben einigen konventionellen Vorkehrungen (stets eine Dose Reizgas mit sich zu führen, jenes Parkstück nach aller Möglichkeit nachts nicht allein zu durchqueren usw.) und den wichtigsten Übungen aus meinem Sofortprogramm zur Aurastärkung empfahl ich Jessica daher auch die SOS-Variante der bewährten Übung »Säule aus Licht«. Wer gelernt hat, diese Lichtsäule spontan zu visualisieren, ist normalerweise selbst gegen unmittelbar drohende Aggressionen gefeit. Entscheidend ist hierbei allerdings, dass wir uns mit der undurchdringlichen Lichtsäule gedankenschnell zu umhüllen vermögen – gleichsam in dem Sekundenbruchteil, ehe der Aggressor sich entschließen konnte, uns als sein Opfer zu erwählen.

SOS-Check   1. Imaginieren Sie vor Ihrem geistigen Auge, dass die Säule aus Licht auf Sie herabsinkt.

2. Beobachten Sie, wie sich diese Lebensachse aus reiner Energie von oben rasch über Sie senkt. Spüren Sie, wie die Strahlenwände rings um Sie pfeilschnell hinabgleiten.

3. Machen Sie sich bewusst, dass die Säule aus Licht Sie lückenlos und undurchdringlich umgibt. Fassen Sie den potenziellen Angreifer durch die durchsichtige Säulenwand hindurch ins Auge – gelassen und in der ruhigen Gewissheit, dass er Ihnen nichts anhaben kann.

4. Sagen Sie, laut oder im Stillen, mehrmals: *»Die Säule aus Licht umhüllt und beschützt mich. Einzig positive Energien dringen durch die Lichtsäule ein.«*

5. Fühlen Sie, wie Sie in der Säule aus Licht zu Ihrem Höheren Selbst emporschweben, das als »Säulenheilige(r)« hoch oben auf Ihrer Lichtachse sitzt. Verschmelzen Sie mit Ihrem Höheren Selbst, empfinden Sie seine Weisheit und Macht.

6. Beobachten Sie aus dieser überlegenen Höhe den potenziellen Aggressor: In der Regel wird er sich spätestens jetzt abwenden, da er (meist unbewusst) erkennt, dass Sie als Opfer für ihn nicht erreichbar sind.

Ehe Sie in der Säule wieder nach unten **Nach** schweben, sollten Sie Ihrem Höheren **dem Notfall** Selbst für seinen Schutz danken. Wenn Sie wieder auf dem Boden angekommen sind, erlauben Sie den Strahlenwänden der Lichtsäule, sich wieder zum Himmel zu erheben. Atmen Sie die Luft, riechen Sie die Gerüche, lauschen Sie den Geräuschen der körperlichen Wirklichkeit. Empfinden Sie, wie großartig es ist, in dieser Welt zu leben. Und wie wundervoll, jederzeit mit seinem Höheren Selbst in Kontakt treten zu können, das Sie vor allen irdischen Gefahren beschützen kann.

Übrigens: Einige Monate, nachdem Jessica R. mich zum ersten Mal aufgesucht hatte, stand ihr nächtens in jenem Park auf einmal ein vierschrötiger Mann mittleren Alters gegenüber. »Er war wie aus dem Boden gewachsen«, erinnert sich die Krankenschwester. »Während er mich noch anstarrte, beschwor ich blitzschnell die Lichtsäule auf mich herab. Dann ging ich weiter, von den undurchdringlichen Strahlenwänden umgeben – und ich wäre praktisch durch ihn hindurchgelaufen, wenn er nicht im letzten Moment zur Seite gewichen wäre, mit einem Ausdruck totaler Entgeisterung im Gesicht.«

Jessica R. ist seither niemals mehr belästigt worden – weder in jenem Park noch sonst irgendwo.

Spontane Ausdehnung des Auraschutzes auf wehrlose Dritte

Die Verteidigungsmethode, die ich in diesem Abschnitt vorstellen möchte, setzt voraus, dass Sie über genügend psychische und körperliche Energie verfügen. Jedoch entfesselt diese Abwehrmaßnahme keinen annähernd so starken Energiestrom wie die oben geschilderte »Luxusmethode«. Vielmehr sind wir, je weiter wir auf unserem spirituellen Wachstumspfad vorankommen, desto leichter in der Lage, unsere Aura weit über den Umfang unserer Persönlichkeit hinaus auszudehnen, ohne uns dabei energetisch zu verausgaben. Auf diese Weise können wir, wenn auch nur vorübergehend, Schutzbefohlene – vor allem kleine Kinder, aber auch kranke oder aus anderen Gründen wehrlose Dritte in unserer Obhut – gegen Angriffe von Energie-Vampiren verteidigen.

Sehr kleine Kinder, etwa bis zum dritten Lebensjahr, befinden sich ohnehin von Natur aus unter dem Auraschutz ihrer Mutter (oder einer anderen ständigen Bezugsperson). **Kleinkinder genießen mütterlichen Auraschutz** Was auf alten Gemälden dargestellt wird, kann man, wenn man die Fähigkeit zum Aurasehen aktiviert hat, auch heute noch beobachten: Anfangs schmiegt sich die mütterliche Aura um das Neugeborene, das seinerseits noch über keine eigene Aura verfügt.

Mit etwa drei Jahren entwickeln Kinder eine eigene Aura Mit dem körperlichen Wachstum des Kindes in den folgenden Jahren dehnt sich auch die gemeinsame Aura langsam aus, bis etwa im dritten, vierten Lebensjahr das Kind eine eigene – anfangs noch zarte – Aura zu entwickeln beginnt. In der Folgezeit lösen sich die beiden Auren allmählich voneinander, sodass das Kind mit fünf oder sechs Jahren potenziell über seinen eigenen Auraschutz verfügt.

Die Aura von Teenagern ist noch nicht voll entwickelt Allerdings ist die Aura von Kindern dieses Alters – und selbst das Lichtkleid von Teenagern bis vierzehn, fünfzehn Jahren – noch immer recht »fadenscheinig« und kann normalerweise von einem erwachsenen Angreifer leicht durchdrungen werden. Ebenso verfügen auch körperlich kranke oder alte Menschen nur über Auren von geringer Abwehrkraft, die überdies in vielen Fällen löchrig oder mit Auranarben übersät sind (das gilt beispielsweise für Veteranen, die in Kriegen Traumatisches erlebt haben).

Wenn wir uns in Begleitung von Kindern, kranken und/oder alten Menschen befinden und auf einmal des potenziellen Angriffs eines Energie-Vampirs gewahr werden, kann es also erforderlich sein, dass wir den Schutzschild unserer Aura spontan auf die Menschen in unserer Obhut ausdehnen:

SOS-Check 1. Wenn Sie Ihre schützende Aura auf einen Säugling oder ein Kleinkind ausdehnen wollen, nehmen Sie es auf Ihren Arm, und drücken Sie das Kind an sich. Möchten Sie den Schutz Ihrer Aura auf einen kranken und/oder alten Erwachsenen ausdehnen, legen Sie Ihre Arme um ihn oder sie.

2. Atmen Sie rasch mehrmals tief ein und aus, und spüren Sie dabei, wie Ihre Aura sich explosionsartig ausdehnt. Wie ein weiter Mantel oder eine große Decke entfaltet sich Ihre Aura und schmiegt sich schützend um Sie und die Menschen in Ihrer Obhut.

3. Machen Sie sich bewusst, dass Ihre Aura Sie selbst und Ihre Schutzbefohlenen lückenlos und undurchdringlich umgibt.

4. Beobachten Sie, wie die leuchtend weiße Oberfläche Ihrer Aura kristallisiert: Sie bleibt durchsichtig wie Wasser, das im Winter gefriert, und ist doch so unzerstörbar wie Panzerglas.

5. Sagen Sie, laut oder im Stillen für sich, mehrmals hintereinander: *»Meine Aura beschützt mich und die Menschen in meiner Obhut. Wir sind frei von allem Leid.«*

Ohne Ihre Arme bereits von Ihren Schutzbefohlenen zu lösen, atmen Sie langsam und regelmäßig ein und aus. Spüren Sie, wie Ihre Aura sich mit jedem Ausatmen wieder zusammenzieht, bis sie sich erneut eng und fest an Ihren Körper schmiegt. Lösen Sie sich nun langsam von der Person, die Sie umarmt gehalten haben.

Nach dem Notfall

ZWEITER TEIL

Die Schleusen
schließen

In diesem Buchteil möchte ich Ihnen zeigen, wie Sie Ihre Chakras – die subtilen Energiezentren – und Ihr Unterbewusstsein mittels leicht zu erlernender Übungen zu reinigen vermögen. Außerdem werden Sie erfahren, wie Sie sich gezielt gegen Angriffe von Energieräubern abschirmen können.

Lernen Sie bewährte Übungen kennen, um Ihre Chakras ebenso bewusst zu schließen, wie die meisten von uns diese in den vergangenen Jahren oder Jahrzehnten durch Meditation und Körperarbeit zu öffnen gelernt haben.

Erschaffen Sie sich unter meiner Anleitung schließlich auch einen geistigen Schutzraum, in dem Sie vor jeglichen Angriffen von Energie-Vampiren geschützt sind. Und lernen Sie Ihren spirituellen Hüter anzurufen, der fortan bei Tag und Nacht für Ihre Sicherheit sorgen wird.

4 Lernen Sie in wenigen einfachen Schritten, Ihre Chakras zu schließen und zu schützen

In den zurückliegenden Jahren und Jahrzehnten haben immer mehr Menschen auch in den westlichen Ländern den Weg der Spiritualität entdeckt. Durch Meditation, gesunde und bewusste Ernährung, durch schamanische Körperarbeit und viele andere bewusstseinserweiternde Techniken haben wir gelernt, unser Energieniveau zu erhöhen und unseren materiellen Körper mit den subtilen Energiekörpern zu harmonisieren.

Die Schlüsselkomponenten bei dieser Harmonisierung sind die Chakras, die feinstofflichen Mittler zwischen Energiekörpern und unserem physischen Körper. **Auch die Chakras kann man sehen** Menschen mit aktiver – d. h. über die Kindheit hinaus bewahrter und entwickelter – medialer Veranlagung vermögen die Chakras innerhalb der Aura gut zu erkennen. Aber auch wer seine Befähigung, Auren zu sehen, erst in erwachsenen Jahren (wieder-)entdeckt hat, ist nach einiger Übung in der Lage, diese subtilen Energiezentren im Strahlenmantel eines jeden Lebewesens auszumachen.

Anordnung und Arbeitsweise der Chakras

Ebenso wie hinsichtlich der Dimensionen der Aura sind sich die verschiedenen esoterischen Strömungen auch bezüglich der Anzahl und Hierarchie der Chakras keineswegs einig. Das braucht uns hier jedoch überhaupt nicht zu bekümmern. Nach meiner Erfahrung hat es sich unzählige Male bewährt, im Wesentlichen von den sieben Chakras der klassischen indischen Lehre auszugehen. Diese sind innerhalb der menschlichen Aura – auf einer Linie, die vom Scheitel abwärts entlang der Wirbelsäule verläuft – folgendermaßen verteilt (siehe Abbildung 4):

- *Sahasrara* (Scheitel)
- *Ajna* (Hypophyse – Drittes Auge)
- *Visuddha* (Schilddrüse)
- *Anahata* (Thymusdrüse)
- *Manipura* (Nabel)
- *Svadhisthana* (Geschlechtsorgane)
- *Muladhara* (Steißbein)

Visualisierung der Chakras   Wenn Sie (noch) nicht imstande sind, die Chakras in Ihrer Aura oder den Auren anderer Menschen wahrzunehmen, genügt es, wenn Sie diese Energiezentren als kleine Strahlenrädchen oder Blütenkränze visualisieren, die um einen Wirbel aus Licht rotieren. Je schneller das betreffende

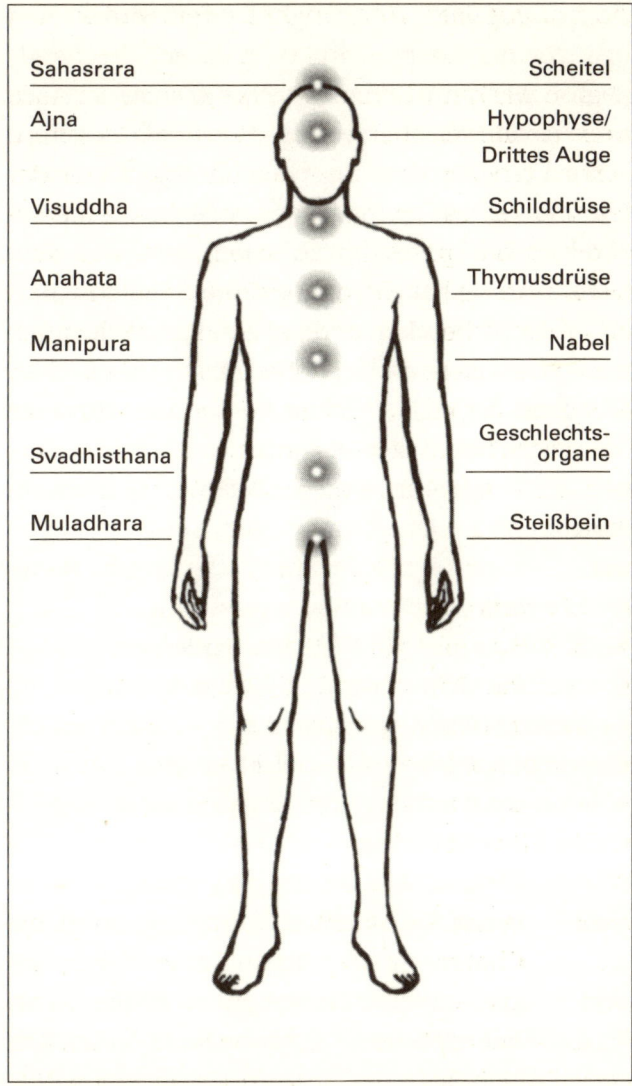

Sahasrara	Scheitel
Ajna	Hypophyse/ Drittes Auge
Visuddha	Schilddrüse
Anahata	Thymusdrüse
Manipura	Nabel
Svadhisthana	Geschlechts- organe
Muladhara	Steißbein

Abbildung 4: Anordnung der Chakras

Chakra sich dreht, desto mehr Energie wird erzeugt bzw. von den Energiekörpern in die entsprechende Region des physischen Körpers transferiert. Ich habe es oftmals auch erlebt, dass Chakras sich so schnell drehten, dass sie scheinbar reglos verharrten und nur ein gleißender Strahlenkranz um ein »Weißes Loch« herum zu sehen war, aus dem Lichtfunken sprühten: eine geöffnete Schleuse zwischen der physischen und der geistigen Welt, durch die kostbare kosmische Energie einströmt – und die allerdings zugleich als Einfallstor für unerwünschte Energieparasiten dienen kann.

Blockierte Chakras ähneln »Schwarzen Löchern« Umgekehrt ähneln Chakras, die blockiert sind oder sich nur mühsam zu bewegen vermögen, schwarzen oder grauen Punkten im Strahlenmantel unserer Aura. Auch durch diese blockierten Schleusen können Energieräuber in unser Energiefeld eindringen, da an diesen Stellen – gleichsam den »Schwarzen Löchern« innerhalb des Mikrouniversums, das jedes Individuum darstellt – die durch Aurastärkung erwirkte Abwehr versagt.

Wenn die Chakras nicht richtig funktionieren Ebenso wie unsere physischen Organe erkranken können, vermögen auch die Chakras, je nach ihrem Zustand, ihre Aufgabe unterschiedlich gut zu erfüllen. Zwei Risiken sind in diesem Zusammenhang besonders hervorzuheben:

• Zum einen droht, wenn die Chakras *ins-*   **Erstes Risiko**
gesamt zu wenig Lebensenergie erzeugen, schlei-
chender Energiemangel die Betroffenen (denen dieses Problem oftmals nicht bewusst ist) energetisch
auszuzehren. So kann es beispielsweise sein, dass
die für Sexual- und Gefühlsenergie zuständigen
Chakras *(Anahata – Manipura – Svadhisthana)* unzulänglich arbeiten – mit der Folge, dass man sich
ständig erschöpft und kraftlos fühlt und unfähig ist,
sich für eine Aufgabe zu begeistern, sich selbst und
andere Menschen zu lieben und so fort.

• Zum anderen muss die Energieerzeu-   **Zweites Risiko**
gung und -verteilung *zwischen* den Chakras optimal abgestimmt sein, damit wir unser Potenzial auf
allen Ebenen ganzheitlich entwickeln können:
Erzeugt beispielsweise das Sexualchakra *(Svadhisthana)* erheblich mehr Energie als die höheren
Chakras *(Sahasrara – Ajna – Visuddha),* so bleiben
wir im Triebleben verhaftet und sind unfähig, Emp-
findungen wie Mitgefühl und Empathie zu entwickeln und die spirituellen Dimensionen unseres Lebens und unserer Persönlichkeit zu entfalten. Wenn
dagegen bei jemandem das Wurzelchakra blockiert
ist, so fehlt es dem Betreffenden an Erdung, und er
wird jederzeit in der Gefahr schweben, die Boden-
haftung zu verlieren und die Realität der irdischen
Gegebenheiten zu verkennen.

Warum wir lernen müssen, die Chakras bewusst zu schließen

Erste Gefahren-gruppe: Meditierende Bevorzugte Opfer von Energie-Vampiren sind begreiflicherweise diejenigen Menschen, die es gelernt haben, durch regelmäßige Meditation oder andere Techniken ihren Energielevel zu steigern. Durch gezielte Öffnung und Stimulation der Chakras vermögen sie ihr Energieniveau praktisch unbegrenzt zu erhöhen. Erfahrene Energieräuber »wittern« auch auf große Entfernung die sprudelnde Energiequelle, als welche sie die geöffneten Chakras solcher Menschen erfahren. Wenn wir also keine speziellen Vorkehrungen zur Abwehr dieser Energie-Vampire treffen, ähneln wir kostbaren Edelsteinen, die ungesichert am Wegesrand liegen und den Dieb auch noch zu sich heranlocken, indem sie in der Sonne funkeln und glänzen.

Zweite Gefahren-gruppe: Helfer und Heiler Ebenso gefährdet sind professionelle Berater, Heiler und Helfer, deren Chakras während der Berufsausübung weit geöffnet sind. Auf diese Weise vermögen sie auf verschiedenen Ebenen mit ihren Klienten oder Schutzbefohlenen Verbindung aufzunehmen und beispielsweise deren Gedanken (Hypophyse oder »Drittes Auge« – *Ajna*) und Gefühle (Thymusdrüse – *Anahata*) zu lesen. Wenn sie es jedoch versäumen, anschließend ihre Chakras wieder zu schließen, so besteht die

Gefahr, dass diese Schleuse geöffnet und die Verbindung zu den Klienten oder Schutzbefohlenen erhalten bleibt – zu Personen folglich, die sich in aller Regel wegen Energieblockaden, Energiemangels oder hierdurch hervorgerufener Probleme an den Helfer oder Heiler gewandt haben. In diesen Fällen droht die Lebensenergie wie durch einen Transfusionsschlauch vom Heiler zu seinem Schützling abzufließen – mit der Folge, dass Letzterer vielleicht rasche (und trügerische) Gesundheitsfortschritte machen wird, während der Heiler jedoch ebenso schnell energetisch ausgezehrt wird.

Aber auch scheinbar unverdächtige Dritte können sich das Versäumnis eines Heilers bzw. einer Heilerin, die Chakren bewusst zu schließen, räuberisch zunutze machen, wie das folgende Beispiel aus meiner Praxis zeigt.

Als Tiara Y. meinen Beistand als spirituelle Energie- und Lebensberaterin suchte, war die hochgewachsene Endvierzigerin nahe- **Fallbeispiel: Der Vampir an meiner Seite** zu am Ende ihrer Kräfte. Seit Jahren arbeitete sie als schamanische Heilerin in einem Institut für ganzheitliche Lebenserfahrung und Bewusstseinsentwicklung. Nicht wenige ihrer Klienten waren Menschen mit lebensbedrohlichen Krankheiten (v. a. Krebs), die in der örtlichen Großklinik behandelt und mit überwiegend düsteren Zukunftsaussichten entlassen worden waren. Viele von ihnen galten im schulmedizinischen Sinn als »austherapiert«, d. h. als unheilbar krank.

Ein energeti-sches Aufbau-programm für Schwerstkranke Doch Tiara hatte ein spezielles energetisches Aufbauprogramm für diese körperlich Schwerstkranken entwickelt. Obwohl selbst ihre aufopfernden Hilfsbemühungen nicht selten zu spät kamen, gelang ihr in etlichen Fällen das scheinbar Unmögliche: Durch gezielte Anregung der Chakras in den von der Krankheit besonders befallenen Körperregionen, durch Visualisieren des Gesundungsprozesses in schamanischen Tranceritualen und andere Techniken vermochte sie mehr als einmal sogenannte »Spontanheilungen« oder »Wunder« (wie es in der örtlichen Presse hieß) zu erwirken, die ihren Namen über die engeren Grenzen ihrer Heimat hinaus bekannt machten.

Ihre Arbeit war überaus anstrengend: Bewusst lenkte Tiara während der Sitzungen den Fluss ihrer Lebensenergie zu ihren Schützlingen, um diese so lange zu kräftigen, bis sie aus eigener Kraft genügend Lebensenergie erzeugen konnten. Doch da Tiara regelmäßig meditierte und durch effiziente spirituelle Techniken ihre eigenen Energieressourcen kontinuierlich auffüllte, vermochte sie über Jahre hinweg in ihrem Institut erfolgreich zu arbeiten, ohne an körperlicher oder geistiger Erschöpfung zu leiden.

Bis sie eines Tages Paul kennenlernte.

Nach einer unglücklich verlaufenen Ehe
hatte Tiara zehn Jahre lang ledig gelebt
und sich nur hin und wieder ein kleines
Liebesabenteuer gegönnt. Zu ihrer eigenen Verwun-
derung (und zum Entsetzen derer, die es gut mit ihr
meinten) schien jedoch ihre Beziehung mit Paul von
Anfang an sehr viel mehr als eine Affäre zu sein.

*Eine energie-
zehrende
Romanze*

Paul war fünfzehn Jahre jünger als sie,
und obwohl er sich als Künstler bezeichnete, arbeitete er in Wirklichkeit praktisch nie.
Wenige Wochen, nachdem Tiara ihn kennengelernt
hatte, zog er in ihre weiträumige Wohnung ein und
begann sofort, sich in ihren Zimmern und in ihrem
Leben breitzumachen. So rasch und genau Tiara,
die unter ihren Freunden als Menschenkennerin
galt, sonst immer die geheimen Beweggründe und
wohlverborgenen kleinen und großen »Macken«
ihrer Zeitgenossen zu durchschauen vermochte, so
kläglich schien diese Begabung im Hinblick auf
Paul zu versagen. Für ihre Nächsten war es offen-
sichtlich, dass der arbeitsscheue Paul sie ausnutzte
und durch eine Reihe plumper Tricks mehr und
mehr von sich abhängig machte. Tiaras Freunde
und Kollegen beobachteten voller Sorge, dass Paul
sie regelrecht herumkommandierte und nach kurzer Zeit eine gespenstische Macht über sie gewann.
Tiara aber litt mehr und mehr an »unerklärlicher«
Erschöpfung, während Paul seinerseits stetig auf-
zublühen schien.

*Der Vampir
an ihrer Seite*

Energetisches   Obwohl sie sich monatelang so zornig wie
Ausbluten des   empört jede Kritik an ihrem Liebhaber und
Opfers   der Art ihrer Beziehung verbeten hatte,
wurde auch Tiara allmählich besorgter, da sie sich
selbst, wie sie mir bei unserem ersten Zusammen-
treffen erklärte, »auf sonderbarste Weise veränder-
te«, sowie sie in Pauls Nähe war. Während ihrer
Arbeit eine so selbstbewusste wie einfühlsame
moderne Frau, verwandelte sie sich abends in der
gemeinsamen Wohnung in ein unterwürfiges,
kraft- und willenloses Wesen, das sich von Paul
herumscheuchen ließ und sich bemühte, ihm jeden
Wunsch von den Augen abzulesen. Paul dagegen,
der die langen Stunden, da sie außer Haus war, reg-
und willenlos in der verdunkelten Wohnung zu ver-
dämmern pflegte, lebte förmlich auf und verwandelte sich seinerseits in eine charismatische Person
von schneidendem Verstand und tyrannischer Willenskraft, sowie Tiara in seiner Nähe war.

Ein krasser Fall   Nachdem ich diese Einzelheiten von Tia-
von Macht-   ras und Pauls Beziehung erfahren hatte,
vampirismus   stand für mich fest, dass es sich hier um
einen krassen Fall von Machtvampirismus handel-
te: Paul unterwarf Tiara regelmäßig seinem Willen
und zwang sie auf diese Weise, ihre Lebensenergie
zu ihm strömen zu lassen. Er selbst litt an chroni-
schem Energiemangel (infolge eines Auralecks oder
der Blockierung von Chakras), was sein Dahin-
dämmern in den Stunden erklärte, da er auf Tiaras

Rückkehr wartete (gleich einem Vampir, der im dunklen Keller des Untergangs der Sonne harrt). Und dass er seinen aus eigener Kraft nicht zu befriedigenden Energiedurst sozusagen an Tiaras energetischer Halsschlagader stillte, bewies mit erschreckender Deutlichkeit die chronische geistige und körperliche Erschöpfung, unter der Tiara litt, seit sie mit Paul zusammenlebte. Da sie aufgrund ihres Berufs und ihrer spirituellen Bewusstseinsentwicklung über ein hohes Energieniveau verfügte und ihre Chakras ständig aktiviert waren, hatte sie den Energie-Vampir angelockt, wie der besagte Edelstein am Wegesrand den Dieb anzieht, indem er in der Sonne funkelt und glänzt.

»Meiner Ansicht nach«, brachte ich Tiara so schonend wie möglich bei, »ist dein Paul ein Machtvampir, der dir ständig Lebensenergie abzapft. Vielleicht täusche ich mich ja auch – aber selbst dann tust du ihm weder Unrecht noch irgendein Leid an, wenn du einfach die Ratschläge befolgst, die ich dir jetzt gebe.«

Dann empfahl ich ihr mein bewährtes Sofortprogramm zum bewussten Schließen der Chakras. Fortan unterzog sich Tiara an jedem Abend, ehe sie nach Hause ging, einigen leicht auszuführenden Übungen, durch die sie ihre Chakras schloss und zusätzlich noch schützte.

Chakras geschlossen – Energie-Vampir verjagt

Tatsächlich kam es wie von mir erwartet: Tiara konnte nun Paul gegenübertreten, ohne sich schwach und willenlos zu fühlen. Und auf einmal war ihr, als falle ein Schleier von ihren Augen: Plötzlich sah sie, was für ein schwächlicher kleiner Tyrann ihr Paul doch war – und nachdem umgekehrt er gemerkt hatte, dass er als Energieparasit bei ihr nicht mehr landen konnte, sagte er rasch Lebewohl und verschwand auf Nimmerwiedersehen aus ihrem Leben.

Tiara aber, die seither ihr Programm zum Öffnen und Aktivieren der Chakras durch einige Übungen zum bewussten Schließen dieser subtilen Energiezentren abrundet, ist niemals mehr von einem Energieräuber belästigt worden. Nach wie vor schenkt sie ihren Schutzbefohlenen großzügig Lebensenergie, um ihnen therapeutische Hilfe zur Selbsthilfe zu leisten. Aber sie hat wirksame Vorsorge getroffen, damit niemand mehr unbemerkt ihre Lebenskraft abzapfen kann.

Übrigens: Nicht lange, nachdem Paul aus ihrem Leben verschwunden war, lernte sie Robert kennen, einen begabten, gut aussehenden und auch beruflich erfolgreichen Mann in ihrem Alter, mit dem sie seit einigen Monaten zusammenlebt. »Robert und ich sind gleichberechtigte Partner«, erzählte Tiara mir erst vor Kurzem überglücklich in einem Telefongespräch. »Wir ergänzen uns auf natürliche Weise. Unsere Beziehung bedeutet für uns beide einen enormen Zuwachs an Bewusstsein, Selbstvertrauen, Lebensfreude – und damit auch an Energie ...«

Erste Übung: Öffnen der Chakras

Begeben Sie sich an einen Ort, an dem Sie **Vorbereitung** bequem liegen können und nicht gestört werden. Legen Sie sich (auf dem Fußboden, einer Couch oder Ihrem Bett) auf den Rücken, und atmen Sie langsam und regelmäßig ein und aus, bis Sie spüren, dass Ihre körperlichen Spannungen sich lösen und Ihre Aufmerksamkeit sich Ihrer inneren Welt zukehrt.

Stellen Sie sich vor, dass auf Ihrer Wirbel- **Visualisierung** säule und über den oberen Endpunkt dieser Linie hinaus bis zum Scheitel sieben zauberhafte Blumen in leuchtenden Farben blühen. In der fernöstlichen Tradition handelt es sich um Lotosblumen, aber vielleicht sind es für Sie andere Blumen, zu denen Sie sich auch in der äußeren Wirklichkeit seit je hingezogen fühlen.

Sehen Sie sich die Blumen und ihre Umgebung mit Ihrem geistigen Auge genau an: Bei den einen wachsen sie in einer Rabatte inmitten einer weiten Wiese, andere sehen ihre Chakras als Reihe von Seerosen auf der Oberfläche eines schmalen Baches, der sich durch sanfte Auen schlängelt.

Fühlen Sie, wie die Sonne, dieser mächtige Spender und Transformator kosmischer Energie, mit wohlig wärmenden Strahlen auf der Linie entlangstreicht, in der Ihre Blumen wachsen.

Spüren Sie, wie die Sonnenstrahlen als Erstes die unterste Blume berühren: das Wurzelchakra *Muladhara*, dessen Blütenblätter sich unter dieser stärkenden Berührung weit öffnen.

Gemächlich gleiten die Strahlen der Sonne weiter. Empfinden Sie, wie die Sonnenstrahlen über das Sexualchakra *Svadhisthana* streichen, deren Blütenblätter sich unter dieser stärkenden Berührung weit öffnen.

Behutsam gleiten die Sonnenstrahlen auf der Reihe Ihrer Blumen weiter. Empfinden Sie, wie sie das Nabelchakra *Manipura* erreichen und diese dritte Blume bescheinen, deren Blütenblätter sich unter dieser stärkenden Berührung weit öffnen.

Langsam bewegen sich die Sonnenstrahlen auf der Reihe Ihrer Chakrablüten weiter. Empfinden Sie, wie die Sonne das Brustchakra *Anahata* erreicht und über diese dritte Blume streicht, deren Blütenblätter sich unter dieser stärkenden Berührung weit öffnen.

Behutsam gleitet die Sonne weiter. Spüren Sie, wie die Strahlenfinger über das Halschakra *Visuddha* fahren, dessen Blütenblätter sich unter dieser stärkenden Berührung weit öffnen.

Zielstrebig bewegen sich die Sonnenstrahlen weiter auf der Linie Ihrer Chakrablumen entlang. Empfinden Sie, wie die Sonne über das Stirnchakra *Ajna* gleitet, dessen Blütenblätter sich unter dieser stärkenden Berührung weit öffnen.

Schwerelos gleitet die Sonne weiter voran. Fühlen Sie, wie die Strahlenfinger über dem Scheitelchakra *Sahasrara* schweben, dessen Blütenblätter sich unter dieser stärkenden Berührung weit öffnen.

Verharren Sie so für einige Augenblicke, und **Ausklang und** fühlen Sie, wie die Blütenblätter Ihrer sieben **Wiederholung** Chakras um deren weit geöffnete Zentren kreisen. Spüren Sie den kosmischen Wind, die wirbelnde Lebensenergie, die in Ihren Körper und Ihren Geist gelenkt wird.

Wiederholen Sie diese Übung nach Bedarf, sooft Sie wollen, am besten zum Abschluss Ihrer gewohnten Meditation oder sonstigen spirituellen Praktiken. Versäumen Sie aber auf keinen Fall, sie um die nachfolgenden Übungen zu ergänzen, insbesondere die Übung zum Schließen (und ggf. die zum Schützen) der Chakras.

Zweite Übung: Säubern der Chakras

Nachdem Sie mit der ersten Übung alle Chakras geöffnet haben, sollten Sie untersuchen, ob Ihre Chakras möglicherweise verunreinigt oder blockiert sind.

Stellen Sie sich vor, dass Sie einen »Licht- **Visualisierung** fön« in Ihrer geistigen Hand halten, einen kleinen Apparat, der einen kräftigen Strom weißer Lichtfunken aus einer Düse bläst.

Nähern Sie diesen Lichtstrom Ihrem Wurzelchakra, und blasen Sie mit dem Fön in das geöffnete Innere des Blütenkelchs. Wiederholen Sie diese Reinigung, bis die Blütenblätter rasch und ungehindert um das

Zentrum rotieren und aus diesem ebenso helle Funken sprühen wie aus dem Lichtfön in Ihrer Hand.

Wiederholen Sie diese Reinigung nacheinander mit den anderen Chakras:

Nähern Sie den Lichtfön dem Blütenkelch Ihres Sexualchakras, und blasen Sie damit hinein. Führen Sie den Lichtfön zu Ihrem Nabelchakra, sodann zum Brust- und zum Halschakra, und blasen Sie jedes Mal mit dem Funkenstrahl Ihres Lichtföns ins Innere des Blumenkelches, bis dessen Blütenkranz rasch und ungehindert rotiert und aus dem Zentrum jeder Blüte weiße Lichtfunken sprühen.

Führen Sie diese Reinigung schließlich auch bei Ihrem Stirn- und Scheitelchakra aus.

Ausklang und Bleiben Sie sodann noch einige Minuten lie-
Wiederholung gen. Beobachten Sie alle Ihre Chakras, und empfinden Sie den kosmischen Wind, die wirbelnde Lebensenergie, die durch die geöffneten und gereinigten Energiezentren erzeugt und in Ihren physischen Körper transferiert wird.

Fahren Sie bei Bedarf mit der dritten Übung fort. Wenn Sie Ihre Chakras zu diesem Zeitpunkt noch nicht schließen möchten, öffnen Sie die Augen und kehren langsam in die äußere Wirklichkeit zurück.

Wiederholen Sie diese zweite im Anschluss an die erste Übung, wann immer Sie das Gefühl haben, dass ein Chakra oder mehrere blockiert oder verunreinigt sind.

Dritte Übung: Schließen der Chakras

Die folgende Vorbereitung brauchen Sie nicht zu treffen, wenn Sie diese dritte Übung direkt an die erste oder zweite Übung anschließen. In diesem Fall überspringen Sie bitte den nächsten Abschnitt.

Begeben Sie sich an einen Ort, an dem Sie **Vorbereitung** bequem liegen können und nicht gestört werden. Legen Sie sich (auf dem Fußboden, einer Couch oder Ihrem Bett) auf den Rücken, und atmen Sie langsam und regelmäßig ein und aus, bis Sie spüren, dass Ihre körperlichen Spannungen sich lösen und Ihre Aufmerksamkeit sich Ihrer inneren Welt zukehrt.

Stellen Sie sich wieder vor, dass auf Ihrer **Visualisierung** Wirbelsäule – und über den oberen Endpunkt dieser Linie hinaus bis zum Scheitel – sieben zauberhafte Blumen in leuchtenden Farben blühen. In der fernöstlichen Tradition handelt es sich um Lotosblumen, aber vielleicht sind es für Sie andere Blumen, zu denen Sie sich auch in der äußeren Wirklichkeit seit je hingezogen fühlen. Sehen Sie sich die Blumen und ihre Umgebung mit Ihrem geistigen Auge genau an: Bei den einen wachsen sie in einer Rabatte inmitten einer weiten Wiese, andere sehen ihre Chakras als Reihe von Seerosen auf der Oberfläche eines schmalen Baches, der sich durch sanfte Auen schlängelt.

Beobachten Sie, wie die Sonne ihren Lauf umkehrt. Langsam schweben die Strahlenfinger in Gegenrichtung auf der Linie Ihrer Chakrablumen entlang. Wie einem einschlafenden Kind, dem die Mutter zur guten Nacht durchs Haar streicht, fahren die Sonnenstrahlen noch einmal über jeden Blütenkelch.

Schwerelos gleitet die Sonne zurück. Fühlen Sie, wie die Strahlenfinger über das Scheitelchakra streichen, deren Blütenblätter sich sanft und sicher schließen.

Langsam bewegen sich die Sonnenstrahlen weiter auf der Linie Ihrer Chakrablumen entlang. Empfinden Sie, wie die Sonne über die Blume des Stirnchakras gleitet, deren Blütenblätter sich sanft und sicher schließen.

Behutsam gleitet die Sonne weiter. Spüren Sie, wie die Strahlenfinger über das Halschakra fahren, deren Blütenblätter sich sanft und sicher schließen.

Langsam bewegen sich die Sonnenstrahlen auf der Reihe Ihrer Chakrablüten weiter. Empfinden Sie, wie die Sonne über das Brustchakra streicht, dessen Blütenblätter sich sanft und sicher schließen.

Behutsam gleiten die Sonnenstrahlen auf der Reihe Ihrer Blumen weiter. Empfinden Sie, wie sie das Nabelchakra erreichen, dessen Blütenblätter sich sanft und sicher schließen.

Gemächlich gleiten die Strahlenfinger der Sonne weiter. Empfinden Sie, wie die Sonnenstrahlen das Sexualchakra erreichen, dessen Blütenblätter sich sanft und sicher schließen.

Langsam gleitet die Sonne weiter bis zum unteren Ende der Reihe Ihrer Chakrablumen. Fühlen Sie, wie Sonnenstrahlen über das Wurzelchakra streichen, dessen Blütenblätter sich sanft und sicher schließen.

Bleiben Sie, nachdem sich alle Chakras ge-   **Ausklang und**
schlossen haben, noch einige Augenblicke   **Wiederholung**
liegen, und nehmen Sie die Stimmung der Sicherheit
und Geborgenheit in sich auf. Sagen Sie mehrmals,
laut oder im Stillen:

»Alle meine sieben Chakrablumen sind fest geschlos-
sen. Meine Energien bleiben mir erhalten – es sei
denn, dass ich sie einem anderen Menschen schenken
will.«

Öffnen Sie nun die Augen und kehren langsam in die
äußere Wirklichkeit zurück.

Diese Übung sollten Sie täglich bzw. je nach intuitiv
empfundenem Bedarf ausführen, wenn Sie

- einen Heiler- oder Helferberuf ausüben,
- regelmäßig meditieren oder andere spirituelle
Praktiken ausführen oder
- den Verdacht haben, dass ein Energie-Vampir Sie
als »sprudelnde Energiequelle« zu missbrauchen
versucht.

Vierte Übung: Schützen der Chakras

Möglicherweise haben Sie das Gefühl, selbst nach
Schließen der Chakras – wie in der dritten Übung
empfohlen – vor potenziellen Angriffen von Energie-

Vampiren noch nicht vollkommen sicher zu sein. Diesen Verdacht hegte auch Tiara Y. aus dem oben geschilderten Fallbeispiel. Auch wenn ich der Ansicht bin, dass weitere Sicherheitsvorkehrungen normalerweise nicht erforderlich sind, spricht doch nichts dagegen, mit dem objektiven Standard auch das subjektive Sicherheitsgefühl durch eine weitere Übung zu steigern.

Die folgende Vorbereitung brauchen Sie nicht zu treffen, wenn Sie diese vierte direkt an die dritte Übung anschließen. In diesem Fall überspringen Sie bitte den nächsten Abschnitt.

Vorbereitung   Begeben Sie sich an einen Ort, an dem Sie bequem liegen können und nicht gestört werden. Legen Sie sich (auf dem Fußboden, einer Couch oder Ihrem Bett) auf den Rücken, und atmen Sie langsam und regelmäßig ein und aus, bis Sie spüren, dass Ihre körperlichen Spannungen sich lösen und Ihre Aufmerksamkeit sich Ihrer inneren Welt zukehrt.

Visualisierung   Stellen Sie sich Ihre Chakras wiederum als Reihe von Blütenkelchen in leuchtenden Farben vor. Die Blüten sind nach der vorherigen Übung geschlossen, und es herrscht fortgeschrittene Abenddämmerung. Mittlerweile ist der Mond aufgegangen, doch noch steht diese mächtige Mittlerin kosmischer Energie und Weisheit so tief am Horizont, dass ihre Strahlen von der Seite her waagerecht auf die Blumenreihe scheinen.

Sehen Sie, wie der tief stehende Mond Ihre Chakrablumen in eine liegende Säule aus weißem Licht hüllt. Stellen Sie sich vor, dass Sie in Ihrer geistigen Hand einen Zauberstab halten. Schwingen Sie den Zauberstab mit verschlungenen Bewegungen über den Chakrablumen, und sagen Sie mehrmals laut oder im Stillen:

»Säule aus Licht, verwandle dich in Panzerglas.«
Beobachten Sie, wie die liegende Lichtsäule gläsern wird: Als der Mond langsam am Himmel emporsteigt, scheint er auf die Reihe Ihrer geschlossenen Chakrablumen herab, die nun zusätzlich in eine durchsichtige Säule aus massivem Panzerglas gehüllt sind.

Bleiben Sie noch einige Momente mit geschlossenen Augen liegen, und nehmen Sie die Stimmung vollkommener Sicherheit in sich auf. Sagen Sie mehrmals, laut oder im Stillen:

Ausklang und Wiederholung

»Alle meine sieben Chakrablumen sind fest geschlossen und hinter Panzerglas gesichert. Ich bin in totaler Sicherheit.«
Öffnen Sie nun die Augen und kehren langsam in die äußere Wirklichkeit zurück.

5 »Psychoschrott« lockt Energie-Vampire an: Reinigen Sie Ihr Unterbewusstsein!

Alle Menschen, Dinge oder Konstellationen, die wir in der äußeren Wirklichkeit anziehen, haben ihre Entsprechung in unserem Inneren: Nur durch diese inneren Energien wurden die äußeren Umstände geformt. Das bedeutet umgekehrt: In unserer äußeren Wirklichkeit können keine negativen Konstellationen wirksam, keine für uns ungünstigen Menschen mehr angezogen werden, wenn wir uns von gespeicherten negativen Energien in unserem Innern befreien und verhindern, dass wir neue negative Energien erzeugen.

Der einfachste und effizienteste Weg, unseren inneren »Schrottplatz« zu entrümpeln, besteht in einer rituellen Reinigung des Unterbewusstseins. Auf der psychischen Schrotthalde haben fast alle Menschen eine Reihe unangenehmer Dinge abgelegt: peinliche Erinnerungen, unerfreuliche Einsichten, inakzeptable Neigungen und vieles andere mehr. Da nur wenige Menschen in der Lage sind, sich voll und ganz so zu akzeptieren, wie sie nun einmal sind, und zu jeder einzelnen Tat und jedem Gedanken oder Gefühl aus ihrer Vergangenheit zu stehen, füllen sich bei den meisten die unterbewussten Schrottplätze mit den Jahren bedenklich an.

Bei der Entrümpelung dieser unansehnlichen und belastenden Halde kann es jedoch keinesfalls darum gehen, nicht akzeptierte und deshalb verdrängte Aspekte des eigenen Selbst ein für alle Mal der Vergessenheit anheimzugeben. Vielmehr wollen wir mit wachem und verständnisvollem Blick noch einmal ansehen, was sich in unseren »Katakomben« mit der Zeit angesammelt hat. In vielen Fällen wird sich zeigen, dass wir über diese alten Schwächen mittlerweile hinausgewachsen sind, sodass wir uns beruhigt von solchen »Erinnerungsstücken« trennen können; in anderen Fällen wird sich erweisen, dass wir in unser Selbst nun endlich integrieren können, was wir so lange abgespalten und weggesperrt hatten. Je besser es gelingt, uns im ganzheitlichen Sinne mit allen Stärken und Schwächen, Licht- und Schattenseiten anzunehmen, den Engel in uns nicht minder als den Drachen zu akzeptieren, desto weniger können wir Energie-Vampire anziehen oder ihnen gar eine Bresche bieten, durch die sie unbemerkt in unser Inneres einzudringen vermögen.

Auch hierzu ein Beispiel aus meiner Praxis.

Fallbeispiel: Der innere Dieb

Peter D. (35) war ein erfolgreicher Angestellter im mittleren Management eines großen Autohauses. Er war verheiratet, hatte zwei Kinder, und sein Leben hätte insgesamt in schönster Ordnung sein können, wäre da nicht das sprichwörtliche Pech gewesen, das Peter an den Stiefeln zu kleben schien.

Parkte er ebenso wie ein Dutzend Managerkollegen seinen Wagen während einer Tagung auf einem unbewachten Parkplatz, so wurde todsicher von allen Autos einzig seines gestohlen – obwohl einige Kollegen erheblich teurere Modelle besaßen als er.

Pech an den Stiefeln

Zog während der Sommerferien eine Einbrecherbande durch die Siedlung, in der Peter und seine Familie wohnten, so wurde garantiert ihr Haus aufgebrochen und ausgeräumt – dabei hatte Peter im Gegensatz zu seinen meisten Nachbarn eine teure Alarmanlage installieren lassen (die jedoch von den gewitzten Einbrechern ausgetrickst worden war).

Und so ging es Peter bei jeder Gelegenheit: Im Lokal wurde sein Mantel gestohlen oder gegen ein schäbiges Exemplar vertauscht; der Versicherungsbetrüger, der an einer Kreuzung lauerte, um einen Unfall zu provozieren, trat genau in dem Moment aufs Gas, in dem Peter vorbeifuhr; die unehrliche Kassiererin im Supermarkt wählte aus der langen

Schlange ausgerechnet Peter als denjenigen aus, dem sie die Kosten ihres eigenen Einkaufs unterjubelte, und so fort.

Wie erklärt sich eine solche ununterbrochene Serie von Missgeschicken und Schicksalsschlägen? Nun, wer sich mit den kosmischen Gesetzen des energetischen Austauschs, der Anziehung und Umwandlung von Energien beschäftigt hat, wird nicht lange überlegen müssen. So wie auch ich mir Peters beklagenswerte Geschichte anhörte und ihn ohne Umschweife fragte:

»Gibt es in Ihrer Vergangenheit irgendetwas, Peter, das mit Diebstahl oder Einbruch zu tun haben könnte, eine dunkle Stelle, meine ich – einen Vorfall, bei dem *Sie* der Dieb oder Einbrecher waren?«

Verdrängte Diebereien Auf diese Frage folgte ein langes Schweigen. Zuerst hatte Peter Anstalten gemacht, empört aufzuspringen, aber dann war er gleich wieder in sich zusammengesackt. Mit nachdenklicher, zunehmend schuldbewusster Miene horchte er in sich hinein und antwortete endlich, murmelnd und immer wieder stockend:

»Woher ... wissen Sie das? Aber, egal, Dorothy – Tatsache ist, dass Sie recht haben ... Ja, da war etwas ... mehr als einmal ... vor vielen Jahren ... Ich habe es niemals eingestehen wollen ... nicht einmal vor mir selbst ...«

In der Tat hätte man angesichts seines gepflegten Äußeren, der wohlhabenden Bürgerlichkeit, die

Peter ausstrahlte, nicht leicht vermutet, was er nun eingestand: In seiner Jugend und noch in seinen ersten Erwachsenenjahren hatte er öfter in Läden und Kaufhäusern Gegenstände »mitgehen lassen«. Nach meiner Einschätzung litt er an einer milden, gleichwohl (für alle Beteiligten) höchst unangenehmen Form von Kleptomanie oder dem Zwang zu stehlen. Er hatte niemals wertvolle Produkte entwendet, und jedes Mal hatte er anschließend an einem überwältigenden Gefühl der Peinlichkeit gelitten: Seine Tat erschien ihm vollkommen inakzeptabel und so unverständlich wie das Verbrechen eines Fremden, den man ob seines Übergriffs zutiefst verabscheut. Später hatte Peter gelernt, seinen »selbstzerstörerischen Drang« zu unterdrücken, und schon aus Sorge, wieder dem alten Laster zu verfallen, hatte er sich strikt verboten, diese Schattenseite seiner selbst auch nur mit dem flüchtigsten Gedanken zu berühren.

So aber waren die Erinnerungen an alle seine kleinen Diebstähle mitsamt seiner verdrängten Kleptomanie auf seiner »Psychoschrotthalde« gelandet, wo diese unerfreulichen Dinge seit Jahren und Jahrzehnten vor sich hin rosteten. Denn Peter hatte es auch seither niemals gewagt, seine lange zurückliegenden »abscheulichen Vergehen« einmal im Licht des Tages zu betrachten, geschweige denn, sie sich gegenüber einem Freund oder seiner Frau von der Seele

Unheilsmagneten auf der Psychoschrotthalde

zu reden. Daher war dieses verdrängte psychische Material zum »Unheilsmagneten« geworden, zu einem im Unterbewusstsein verscharrten Klumpen negativer Energie, der in der Außenwelt beharrlich die Dinge, Menschen und Umstände anzog, die seiner negativen Polung entsprachen: Diebe, Einbrecher, riskante Situationen, die wiederum das Werk der Langfinger begünstigten.

Unterdrückte Erinnerungen sind negative Energien Die Hilfe, die ich Peter angedeihen ließ, war demzufolge so einfach wie radikal: »Stehen Sie zu Ihren einstigen Diebereien«, forderte ich ihn auf. »Verleugnen Sie nicht mehr vor sich selbst, was Sie damals getan haben. Versuchen Sie, sich selbst, wie Sie damals waren, und die Delikte, die Sie begangen haben, kühlen Blutes zu betrachten: Glauben Sie wirklich, dass Sie heute noch einmal so handeln könnten?« Wieder verfiel er für längere Zeit in nachdenkliches Schweigen.

»Nein, ich glaube nicht«, sagte er endlich. »Eigentlich weiß ich längst, dass dieser Drang, anderen Menschen Dinge zu entwenden, meinen damaligen Minderwertigkeitsgefühlen entsprungen ist: Noch als junger Mann fürchtete ich immer, dass ich niemals einen gut bezahlten Job bekommen, nie eine hübsche Frau finden würde, dass niemand mich jemals lieben und achten könnte und so weiter. Aber nachdem ich mir und aller Welt in den letzten Jahren ja das Gegenteil bewiesen habe – wie sollte ich da fürchten, meinem alten Laster wieder zu verfallen?«

Um sein Unterbewusstsein ein für alle Mal von diesen und anderen Aspekten zu befreien, die er früher einmal verdrängt, in der Zwischenzeit aber wahrhaftig überwunden hatte, empfahl ich Peter D., zwei Wochen lang an jedem zweiten bis dritten Tag die nachfolgend beschriebene Übung durchzuführen.

Zwei Jahre, nachdem Peter meinen Rat als spirituelle Energie- und Lebensberaterin eingeholt (und beherzigt!) hatte, rief er mich eines Tages an und erzählte mir, wie sich sein Leben verändert hatte: Im Jahr zuvor hatte er einen großen Karrieresprung gemacht. »In Anbetracht seiner Verdienste« wurde er ins höhere Management berufen, und er war überglücklich, dass sein Leben nun in jeder Hinsicht harmonisch und in seinem Sinne verlief.

Ach ja – von Dieben oder Einbrechern ist Peter seither niemals mehr behelligt worden.

Erste Übung: Reinigung des Unterbewusstseins mit dem goldenen Vlies

Wie bereits im ersten Buchteil erwähnt, empfiehlt es sich im Allgemeinen, lieber diese Übung zu absolvieren, anstatt sich durch die dort beschriebene Bewusstseinsprogrammierung lediglich gegen die äußeren Folgen innerer negativer Energien zu sichern, die als solche unangetastet bleiben. Unter besonderen Umständen kann es geboten sein, sich durch eine solche Sofortmaßnahme zu verteidigen; mittel- und langfristig können wir uns in dieser Hinsicht aber erst dann wirklich sicher fühlen, wenn wir unser Unterbewusstsein von allem »Psychoschrott« gesäubert haben.

Erinnerungen sind auch im Körper gespeichert
Beachten Sie bei der folgenden Übung bitte auch, dass viele unserer unterbewussten Erinnerungen und Prägungen in unserem Körper (Nerven, Organen etc.) gespeichert sind. Die Reinigung des Unterbewusstseins schließt daher in ganzheitlichem Sinne neben den geistigen und emotionalen Bereichen auch die somatischen Aspekte unserer Persönlichkeit ein.

Vorbereitung
Begeben Sie sich an einen Ort Ihrer Wahl, wo Sie bequem liegen können und ungestört sind. Legen Sie sich für diese Übung flach auf den Bauch, die Arme seitlich neben dem Körper ausgestreckt, die Beine leicht gespreizt.
Schließen Sie die Augen, und atmen Sie langsam und regelmäßig ein und aus, bis Sie spüren, dass Ihre körperlichen Spannungen sich lösen und Ihre Aufmerksamkeit sich Ihrer inneren Welt zukehrt.

Visualisierung
Imaginieren Sie vor Ihrem geistigen Auge jene Stätte, die Ihr persönlicher glückbringender Ort

ist. Im Zentrum dieser Stätte befindet sich ein *golde-nes Vlies* – ein weiches Schaf- oder Widderfell mit Haaren aus Gold –, auf dem Sie ausgestreckt auf dem Bauch liegen, mit dem Kopf je nach Vorliebe auf der linken oder rechten Seite ruhend.

Fühlen Sie, wie weich und warm das goldene Vlies ist. Sehen Sie mit Ihren geistigen Augen, wie intensiv golden es leuchtet.

Spüren Sie nun, wie Sie immer tiefer in das goldene Vlies einsinken. Nehmen Sie wahr, dass das Vlies ganz und gar aus Strahlen, Licht und Wärme besteht. Ihr Körper und Ihr Kopf sinken tiefer und tiefer in das leuchtende Energiefeld ein, das zugleich langsam emporschwebt, ein großes, weiches, wärmendes Tuch aus schierer Energie.

Langsam dringen die warmen Strahlen in Sie ein, langsam schwebt das Tuch aufwärts, durch Sie hindurchgleitend, wobei es jede Zelle Ihres Körpers, jede Faser Ihres Wesens, jede Kammer Ihres Unterbewusstseins reinigt.

Zuerst durchdringt es Ihre äußerste Hautschicht – auf den Beinen, auf Brust und Bauch, den Armen, dem Hals, der Seite Ihres Gesichtes, mit der Sie in das Vlies eingesunken sind. Langsam schwebt das goldene Vlies weiter aufwärts, und wohlige Wärme durchströmt Sie, ein Gefühl von Lauterkeit und Liebe, während es immer weiter aufwärts schwebt.

Wenn in Ihnen Erinnerungen an lange verdrängte widrige Ereignisse lebendig wer- **Aufsteigende Erinnerungen** den, verharren Sie ruhig einige Augenblicke bei ihnen. Spüren Sie den Schmerz oder die Trauer von damals noch einmal, aber auch die Gelassenheit, mit der Sie heute sagen können: Das alles habe ich letzten Endes doch gemeistert.

Alle alten Bürden, alles Verdrängte, Überwundene, alle alten Schatten und Schwächen nimmt das goldene Energievlies mit sich, indem es weiter und weiter aufwärts schwebt.

Gereinigt von allen Schlacken der Vergangenheit Nun schwebt das goldene Energievlies oben aus Ihrem Rücken und Ihrem Hinterkopf hervor und verharrt einen Moment über Ihrem liegenden Körper. Sehen Sie die schwarzen Schlacken und dunklen Flecken, die das goldene Vlies aus Ihnen herausgefiltert hat. Dies alles sind negative Energien, von denen es Sie gereinigt und befreit hat.

All diese dunklen Flecken nimmt das goldene Vlies mit sich, indem es weiter aufwärts schwebt, nun dem Himmel entgegen. In den unerschöpflichen Energiepools des Universums wird auch das goldene Vlies wieder gereinigt werden, und wann immer Sie es benötigen, wird es Ihnen in leuchtender Reinheit und mit reinigender Leuchtkraft zur Verfügung stehen.

Ausklang und Wiederholung Bleiben Sie noch eine Minute mit geschlossenen Augen liegen. Sagen Sie mehrmals, laut oder im Stillen:

»Mein Unterbewusstsein ist von allen alten Schlacken und Flecken gereinigt. In meinem Innern gibt es nur noch positive Energien. Ich bin rein und frei.«

Öffnen Sie nun die Augen, atmen Sie tiefer ein und aus und kehren langsam in Ihren gewöhnlichen Bewusstseinszustand zurück.

Wiederholen Sie diese Übung so häufig, wie es Ihnen intuitiv notwendig erscheint.

Ein bewährtes Hilfsmittel: das Traum- und Fantasietagebuch

Wenn Sie das Gefühl haben, dass trotz mehrfacher Reinigung mit dem goldenen Energievlies irgendwelcher »Psychoschrott« in Ihrem Unterbewusstsein zurückgeblieben ist, empfiehlt es sich, diesen hartnäckigen energetischen Schmutz mithilfe eines Traum- und Fantasietagebuchs zu orten:

• Schaffen Sie sich ein handliches Notizbuch an, das Sie nachts an Ihrem Bett deponieren und tagsüber möglichst immer mit sich führen.

Dem Psychoschrott auf der Spur

• Gewöhnen Sie sich an, morgens nach dem Erwachen alle Traumerinnerungen zu notieren (Stichworte, Skizze).

• Trainieren Sie sich bei Bedarf an, auch in der Nacht direkt nach einem Traum zu erwachen, um möglichst viele unverfälschte Traumerinnerungen protokollieren zu können.

◆ Wenn Sie sich tagsüber, etwa nach dem Mittagessen oder während einer Arbeitspause im Büro, einem Tagtraum hingeben, sollte Ihr Tagebuch ebenso zur Hand sein: Notieren Sie alle Einfälle – auch wunderliche Bilder und scheinbar zusammenhanglose Ideen –, die Ihnen in den Sinn gekommen sind.

◆ Gehen Sie möglichst einmal täglich (am besten abends) Ihre Notizen des Tages durch, und vergleichen Sie diese mit Ihren Stichworten und Skizzen der Tage zuvor. Alle Motive, Szenen, Gestalten, Bilder, Ideen etc., die wiederholt in Ihren Träumen oder Tagträumen auftauchen und/oder bei ihrem Erscheinen stärkere Gefühle in Ihnen ausgelöst haben, können Sie auf die Spur des gesuchten »Psychoschrotts« in Ihrem Unterbewusstsein führen.

Über kurz oder lang werden Sie auf diese Weise ebenso fündig werden, wie Peter D. im oben geschilderten Fallbeispiel seiner verdrängten (und mittlerweile überwundenen) Kleptomanie und der Erinnerung an seine einstigen Diebereien auf die Schliche gekommen ist.

Wenn Sie die belastende Schlacke in Ihrem Unterbewusstsein namhaft machen konnten, fahren Sie bitte mit der folgenden zweiten Übung zur Reinigung des Unterbewusstseins fort.

Zweite Übung: Gezielte Reinigung des Unterbewusstseins mit der Lichtdusche

Diese Übung ist besonders dann geeignet, wenn – z. B. mittels Fantasie- und Traumtagebuch – aufgespürter »energetischer Restschmutz« beseitigt werden soll. Im Unterschied zur ganzheitlichen Reinigung mit dem goldenen Vlies handelt es sich hierbei also eher um ein ergänzendes Ritual zur gezielten Beseitigung einer punktuellen Verunreinigung.

Begeben Sie sich an einen Ort Ihrer Wahl, **Vorbereitung** wo Sie ungestört sind. Am besten wäre es, wenn dieser ungestörte Ort Ihr Badezimmer oder in der Nähe des Badezimmers wäre.

Setzen oder legen Sie sich bequem hin, schließen Sie die Augen, und atmen Sie langsam und regelmäßig ein und aus, bis Sie spüren, dass Ihre körperlichen Spannungen sich lösen und Ihre Aufmerksamkeit sich Ihrer inneren Welt zukehrt.

Stellen Sie sich das endlich aufgefundene **Visualisierung** Stück »Psychoschrott« (die verdrängte Erinnerung, die überwundene Schwäche) möglichst lebendig vor, und versuchen Sie zu orten, wo in Ihrem Innern es sich körperlich am ehesten lokalisieren lässt:

Liegt Ihnen das betreffende Ding im Magen, drückt es Ihnen auf die Seele (die Brust, das Herz), macht es Ihnen Kopfweh oder Kopfzerbrechen? Spüren Sie ihm nach, bis Sie die Stelle – oder die Stellen – identifiziert haben, wo es seinen Abdruck hinterlassen hat.

Reinigende
Schauer aus
Energie
Öffnen Sie nun die Augen, legen Sie Ihre Kleidung ab, und begeben Sie sich unter die Dusche. Stellen Sie das Wasser auf eine angenehm warme Temperatur ein und treten unter die Dusche.

Nehmen Sie die Brause in die Hand, und stellen Sie sich vor, dass es sich um eine energetisch reinigende Lichtdusche handelt, aus der in weißen Lichttropfen läuternde Energie sprüht.

Richten Sie die Lichtdusche auf die betreffende Körperregion, auch auf ein eventuell in der Nähe befindliches Chakra, und reinigen Sie die Partie bis ins tiefste Innere, indem Sie sie mit der Lichtdusche massieren.

Visualisieren Sie, wie die goldenen Lichttropfen Ihre Haut durchdringen, jede Körperzelle ausspülen und reinigen.

Machen Sie sich bewusst, dass die Lichtdusche den energetischen Schmutz, der so hartnäckig in Ihnen überdauert hat, aus Ihrem Innern herausspült.

Beobachten Sie, wie die Tropfen an Ihrer Haut herabrinnen und unten im Ausguss verschwinden: Von dort gelangen sie in den unerschöpflichen Energiepool des Universums, um gereinigt zu werden und Ihnen, wann immer Sie eine neue Reinigung benötigen, wieder zur Verfügung zu stehen.

Ausklang und
Wiederholung
Beenden Sie Ihr Duschbad, frottieren Sie sich trocken und massieren mit besonderer Auf-

merksamkeit die Körperpartie, die Sie soeben mit der Lichtdusche gereinigt haben.

Sagen Sie, laut oder im Stillen, mehrmals:

»Mein Unterbewusstsein ist nun auch von [Kennzeichnung des ›Psychoschrotts‹] gereinigt. In meinem Innern gibt es nur noch positive Energien. Ich bin rein und frei.«

Wiederholen Sie diese Übung erforderlichenfalls so lange einmal täglich, bis Sie die intuitive Gewissheit erlangt haben, von jener energetischen Verunreinigung vollkommen befreit zu sein.

6 Erschaffen Sie sich einen geistigen Schutzraum

Wer meditiert oder durch andere Techni- **Wer meditiert,**
ken sein Bewusstsein und sein Energie- **benötigt einen**
niveau entwickelt, läuft immer wieder Ge- **Schutzraum**
fahr, in diesen Phasen innerer Öffnung von einem
Energieräuber attackiert zu werden.

Aber auch bei der Ausübung bestimmter **Auch Heiler,**
Berufe – Heiler, Helfer, Kreative –, welche **Helfer und**
die Öffnung unserer subtilen Energiezen- **Kreative**
tren erfordert, riskiert man, zum Opfer **sollten sich**
energievampiristischer Angriffe zu wer- **schützen**
den. Damit wir gefahrlos unsere gewohnten spirituellen Praktiken und erlernten Berufe ausüben
können, empfiehlt es sich, wirksame Maßnahmen
zu treffen, die nicht allein unsere Aura wappnen
und unsere Chakras schützen, sondern überdies
den physischen Raum, in dem wir meditieren
und/oder arbeiten, mit einem unüberwindlichen
Lichtwall umgeben.

Diese Schutzmaßnahmen sind über den engeren
Kreis der spirituell Aktiven hinaus für alle Menschen empfehlenswert, die aus irgendeinem Grund

Schutz für alle, die von Energie-räubern atta-ckiert werden fürchten oder vermuten, dass sie – an ihrem Arbeitsplatz oder auch zu Hause – von Energie-Vampiren attackiert werden könnten. Wer also sicher sein möchte, dass kein ungebetener Gast sich an seinen energetischen Ressourcen labt, sollte die folgenden Übungen zur Erschaffung eines geistigen Schutzraums unbedingt gewissenhaft ausführen.

Fallbeispiel: Der unsichtbare Strohhalm

Nachdem die Werbegrafikerin Fiona P. (33) einen langfristigen Auftrag von einer großen Agentur erhalten hatte, kündigte sie ihren Job in der PR-Abteilung einer Supermarktkette, um sich als Freelancer selbstständig zu machen. In Erwartung einer produktiven und einträglichen Zukunft zog sie in eine neue Wohnung um, wo sie sowohl leben als auch arbeiten konnte. In demselben hell und freundlich eingerichteten Raum, in dem sie ihren Schreibtisch samt Computer aufstellte, meditierte sie fortan auch während regelmäßiger Arbeitspausen, um sich zu entspannen und ihre Kreativität zu regenerieren.

Erschöpfung statt erhofftem Auf-bruch Aber der Umzug erwies sich »aus unerklärlichen Gründen«, wie sie bei unserem ersten Treffen klagte, »als desaströser Fehlschlag«. Sosehr sich Fiona auf die neue Wohnung, den herausfordernden Auftrag, ihr Leben als freiberufliche Kreative gefreut hatte, so lahm und mutlos fühlte sie sich, seit sie in dem neuen Apartment ihre Siebensachen ausgepackt, den Computer eingestöpselt und in der Ecke gegenüber ihren Meditationswinkel eingerichtet hatte. »Es ist wie verhext«, sagte sie, »kaum setze ich mich an meinen Schreibtisch, fühle ich mich müde, seltsam leer im Kopf. Und wenn ich versuche, durch Meditation zu neuen Kräften und Ideen zu kommen, habe ich das Gefühl, geistig auszulaufen wie ein löchriges Gefäß ... oder eher«, korrigiert sie sich nachdenklich, »wie ein Trinkglas, aus dem jemand mit einem unsichtbaren Strohhalm trinkt ...«

Bilder wie dieses sind für die Diagnose energetischer Probleme oftmals sehr hilfreich. Unser Unterbewusstsein, das sich nicht in abstrakten Begriffen, sondern stets in konkreten Bildern artikuliert, gibt uns auf der assoziativen Ebene wertvolle Tipps, die wir unbedingt beachten sollten, wenn wir beispielsweise herauszufinden versuchen, warum wir uns auf einmal so diffus unwohl oder kraftlos fühlen.

Diagnostisch hilfreiche Bilder

Ob es in ihrem Leben, fragte ich Fiona, irgendjemanden gebe, von dem oder der sie spontan sagen könne: »Dieser Mensch kostet mich Kraft«?

Sie verneinte sofort, zögerte dann und verfiel in brütendes Schweigen.

»Auf die räumliche Entfernung oder Nähe«, hakte ich nach, »kommt es dabei nicht

Energie-Vampire brauchen keine räumliche Nähe

unbedingt an: Von unserer Energie können auch Menschen zehren, die wir in der äußeren Realität selten zu Gesicht bekommen. Geistiger Kontakt setzt schließlich keinen physischen, ja nicht einmal Sichtkontakt voraus.«

Nach diesen Worten sah mich Fiona tief erstaunt an, und auf einmal malte sich Entsetzen in ihren Zügen. »Da gab es tatsächlich jemanden«, stammelte sie, »aber ich ... ich dachte, das wäre längst vorbei ...«

Lassen Sie mich hier rasch zusammenfassen, was die bedauernswerte Fiona mir an jenem Tag stockend und seufzend erzählte:

In der PR-Abteilung der Supermarktkette, wo sie früher gearbeitet hatte, war sie mit einem Kollegen namens Sean eng – »allerdings streng platonisch«, wie sie betonte – befreundet gewesen. Die beiden hatten geplant, sich gemeinsam selbstständig zu machen, und anfangs hatte Sean auch an dem Konzept mitgearbeitet, mit dem sie sich um das von der Agentur ausgeschriebene Großprojekt bewerben wollten. Sie hatten sich öfters an den Abenden und an Wochenenden getroffen, um zusammen ihre Skizzen und Texte auszuarbeiten, doch Fiona hatte sich mehr und mehr über Sean geärgert: »Er hatte keine eigenen Ideen und keinen Elan«, sagte sie. »Er nörgelte immer nur an meinen Sachen herum – um dann auf einmal meine Ideen als seine eigenen auszugeben.«

Als Sean eines Abends, nachdem er meh- **Der abgewie-**
rere Gläser Alkohol getrunken hatte, auch **sene Energie-**
noch »zudringlich wurde« und darauf be- **schmarotzer**
stand, bei Fiona übernachten zu dürfen, setzte sie
ihn kurzerhand vor die Tür. Die folgende Nacht verbrachte sie zornig und schlaflos. Am nächsten Morgen erklärte sie Sean, dass sie nicht mehr interessiert sei, sich mit ihm zusammen selbstständig zu
machen. Sean reagierte mit fassungsloser Wut.
Zwar hatte er, ebenso wie Fiona, seinen Job bei der
Supermarktkette bereits gekündigt und musste
sich jetzt nach etwas anderem umsehen. Trotzdem
kam seine Wut ihr übertrieben, ja beängstigend
und anmaßend vor: als wäre sie, Fiona, kein freier
Mensch, der seine Entscheidungen ändern durfte,
sondern sein Eigentum, das sich seinem Willen zu
fügen hatte.

»Als wir uns vor ungefähr sechs Monaten zum letzten Mal sahen, stieß er Verwünschungen gegen
mich aus. Er ist ein Parasit«, sagte sie zu mir, »das
habe ich gerade noch rechtzeitig gemerkt – sonst
müsste ich heute für ihn mitarbeiten und ihn
durchfüttern, während Sean ...« Wieder verfiel sie
in Schweigen und sah mich halb verstört, halb er-
wartungsvoll an.

»Wenn ich mich nicht sehr täusche«, erklärte ich
ihr, »dann tun Sie bis heute genau das, Fiona:
Sie füttern diesen Sean mit durch – Ihren Parasi-
ten, wie Sie richtig sagen, der sich sozusagen als

Energie-Egel in Ihre geistige Halsschlagader ver-
bissen hat.«

Mit dem Traum-
tagebuch den
Vampir
entlarven
Neben meinen Sofortprogrammen zur
Aurastärkung (siehe Seite 65 ff.) und zum
Schließen der Chakras (siehe Seite 131 ff.)
empfahl ich Fiona, während der folgenden
Tage ein Fantasie- und Traumtagebuch zu führen.
Durch dieses bewährte Hilfsmittel (siehe Seite 147 f.)
stellte sich rasch heraus, dass es in der Tat Sean war,
der durch vampiristische Attacken ihre Lebenskraft
abzapfte: Immer wieder tauchte er in ihren Träumen
und Tagträumen auf, und mehrfach ertappte Fiona
ihn im Traum, »wie er mit einem durchsichtigen
Strohhalm heimlich aus meinem Glas trinkt«.

Wieso zwischen ihr und Sean noch immer eine
Groll und Sorge energetische Verbindung bestand, lag of-
als »Unheils- fen auf der Hand: Fiona hatte ihren Groll
magneten« auf den einstigen Freund und Partner,
aber auch ihre Sorge, allein der neuen Selbstständigkeit nicht gewachsen zu sein, so rigoros verdrängt, dass sie unterbewusst durch ein starkes
Band negativer Energien mit Sean verknüpft blieb.
Und was Sean betraf: Er hatte sich zweifellos (möglicherweise unbewusst) darauf eingerichtet, zukünftig auf Kosten von Fionas Energie und Kreativität zu leben, und nach ihrer äußerlichen Trennung
fuhr er einfach fort darin, ihr die Lebenskraft abzuzapfen, die er insgeheim schon im Voraus auf sein
eigenes »Energiekonto« gebucht hatte.

Nachdem dieser Fall von Energie-Vampirismus soweit aufgeklärt war, empfahl ich Fiona außer der Übung mit dem goldenen Vlies zur Reinigung des Unterbewusstseins (siehe Seite 143 ff.) auch mein Programm zur Erschaffung eines geistigen Schutzraums, dessen wichtigste Übung und zentrales Ritual ich in diesem Abschnitt vorstellen werde:

♦ Schon kurz nachdem Fiona begonnen hatte, allabendlich die Weiße Schutzburg (siehe Seite 160 ff.) zu visualisieren, verschwand Sean aus ihren Träumen und Wachfantasien.

Sicherheit in der Weißen Schutzburg

♦ Nachdem sie auch noch das Bannritual zur Reinigung und Sicherung ihres geistigen Schutzraums durchgeführt hatte (siehe Seite 163 ff.), erfuhr sie praktisch über Nacht einen Schub der Revitalisierung und neuen Kreativität.

Revitalisierung im geistigen Schutzraum

♦ Um vollkommene Sicherheit zu erlangen, dass Sean sie nie wieder als Energieparasit heimsuchen konnte, rief sie unter meiner Anleitung schließlich auch noch ihren spirituellen Hüter an (siehe Seite 173 f.). Diesem trug sie auf, sie sofort zu alarmieren und alle erforderlichen Abwehrmaßnahmen zu treffen, sowie Sean oder ein anderer Energieräuber versuchen sollte, in ihre geistige Schutzburg einzudringen.

Bündnis mit dem spirituellen Hüter

Übung: Die Weiße Schutzburg

Bei dieser Übung geht es weniger darum, einen bestimmten, physisch vorhandenen Raum geistig zu schützen, als vielmehr um die Visualisierung geistigen Schutzes für eine beliebige Umgebung, in der wir uns gerade aufhalten.

Daher lässt sich diese Übung auch in Notfällen bzw. zur Vorbeugung anwenden: Wenn Sie beispielsweise auswärts in einem Hotel oder sonstigen Haus übernachten, in dessen Umgebung Sie potenzielle Energie-Vampire vermuten, können Sie den Raum, in dem Sie nächtigen müssen, vorher mithilfe dieser Übung abschirmen.

Vorbereitung   Wählen Sie einen bequemen Sitz- oder Liegeplatz, und sorgen Sie dafür, dass Sie nicht gestört werden. Das Licht sollte gedämpft, jegliche Lärmquellen sollten ausgeschaltet sein. Schließen Sie die Augen, atmen Sie langsam und regelmäßig ein und aus, bis Sie spüren, dass Ihre körperlichen Spannungen sich lösen und Ihre Aufmerksamkeit sich Ihrer inneren Welt zukehrt.

Visualisierung   Imaginieren Sie vor Ihrem geistigen Auge den Anblick eines weiten Himmels, in dessen Bläue vereinzelt große weiße Wolken treiben. Betrachten Sie eine dieser Wolken genauer: Sie hat die Umrisse einer gewaltigen, vertraueneinflößenden Burg mit hohen Mauern und runden, soliden Türmen an den Ecken.

Beobachten Sie, wie Ihr »Luftschloss« durch den Himmel im Sinkflug auf Sie zusegelt. Je näher die Burg kommt, in desto hellerem Weiß erstrahlt sie. Machen Sie sich bewusst, dass Ihre Burg nur scheinbar aus Wolken erbaut ist. Ihre Mauern bestehen aus reiner, funkelnder und leuchtender Energie. Sowohl die Mauern und Türme als auch der Boden Ihrer Schutzburg sind durchsichtig, und ein ebenso massives transparentes Energiedach bedeckt die Mauern und den Innenraum. Während die Burg auf Sie herabsinkt, können Sie von unten durch den Boden in die Burg hinein und zugleich durch Wände und Decke den Himmel dahinter sehen.

Erleben Sie nun, wie Ihre Weiße Schutzburg durch das Dach des Hauses, in dem Sie sich befinden – gegebenenfalls auch durch die Etagen über Ihnen – hindurch schwebt, bis sie die Zimmerdecke über Ihnen durchdringt.

Manövrieren Sie Ihre Schutzburg mit dem geistigen Auge und eventuell auch mit Ihren geistigen Händen, bis die Mauern der Schutzburg die Wände Ihres Zimmers von *außen* umgeben, der Boden der Burg sich *unter* dem Boden Ihres Zimmers und das Dach der Burg sich *über* Ihrer Zimmerdecke befindet. Vergewissern Sie sich, dass das Zimmer, in dem Sie sich aufhalten, nun lückenlos von Ihrer energetischen Schutzburg umgeben ist.

Sagen Sie mehrmals, laut oder im Stillen: »*Ich und dieser Raum sind von meiner geistigen Schutzburg umgeben. Einzig positive Energien dringen noch zu mir vor.*«

Ausklang und Wiederholung Bleiben Sie noch einige Minuten mit geschlossenen Augen sitzen oder liegen, und erleben Sie so intensiv wie möglich die beruhigende Sicherheit, die Ihre Schutzburg aus weißem Licht Ihnen bietet.

Dann erheben Sie sich, gehen in dem Raum auf und ab und achten zugleich darauf, das »Burggefühl« zu erhalten. Vergegenwärtigen Sie sich, dass Ihre Schutzburg aus reiner Energie Sie noch immer umgibt – ob Sie liegen, sitzen oder stehen, ob Sie wachen oder schlafen, ob Ihre Augen geöffnet oder geschlossen sind.

Wiederholen Sie diese Übung, wann und wo immer es Ihnen erforderlich erscheint. An Ihrem heimischen Meditations- und/oder Arbeitsplatz kann sie als Einleitung oder Bekräftigung des Rituals zur Erschaffung eines geistigen Schutzraums dienen (siehe Seite 163 ff.); wenn Sie auf Reisen sind oder aus anderen Gründen auswärts übernachten, können Sie sich vor dem Einschlafen mit der Weißen Schutzburg umgeben.

SOS-Variante In Notfällen, wenn Sie das Gefühl haben, dass ein Angriff von Energie-Vampiren unmittelbar bevorsteht, empfiehlt es sich zu visualisieren, dass die Schutzburg in gedankenschnellem Flug aus dem Him-

mel zu Ihnen herabstürzt und Ihren Raum augenblicklich mit ihren Strahlenwällen umhüllt.

Bannritual zur Erschaffung und Reinigung eines geistigen Schutzraums

Falls Sie einen Ort besitzen oder einrichten wollen,
an dem Sie häufig oder regelmäßig meditieren, andere spirituelle Praktiken ausüben und/oder geistig
arbeiten, sollten Sie diesen durch ein geeignetes
Ritual in einen geistigen Schutzraum verwandeln,
der für Energie-Vampire tabu ist. So können Sie sich
unbesorgt Ihren Übungen zur Erzeugung körperlicher und mentaler Energien widmen und Ihre
subtilen Energiezentren gefahrlos öffnen – während der Meditation, als Heiler oder Helfer oder bei
anderen geistigen Tätigkeiten.

Die rituelle Reinigung des Raumes bewirkt **Energie-**
hierbei automatisch, dass er zu einem **Vampire**
geistig sicheren Raum wird: Nachdem wir **scheuen das**
alle energetischen Verunreinigungen be- **Licht der posi-**
seitigt haben, enthält der Raum nichts **tiven Kraft**
mehr, was Energie-Vampire anziehen könnte. Wir
verfahren also mit unserem geistigen Schutzraum
im Prinzip nicht anders als mit unserer Aura, unseren Chakras und unserem Unterbewusstsein:
Indem wir den etwa dort gespeicherten »Energie-

schrott« entfernen, sorgen wir dafür, dass allein positive Energien ungehindert zirkulieren können. Diese Atmosphäre aber scheuen Energie-Vampire ebenso sehr, wie die legendären Blutvampire angeblich das Sonnenlicht fürchten – auch das möglicherweise eine Umschreibung des weißen Lichtes reiner positiver Energie, das für Energieparasiten so unbekömmlich ist.

Um unseren Schutzraum vollständig von allen energetischen Verschmutzungen zu reinigen, bedienen wir uns der magischen Elemente der klassischen Esoterik: Geist, Luft und Feuer, Wasser und Erde.

Vorbereitung   Stellen Sie in der Mitte des Zimmers, das Sie in Ihren geistigen Schutzraum umwandeln wollen, ein Tischchen auf, über das Sie eine blütenweiße Decke breiten. Legen Sie für das Ritual fest, auf welcher Seite Sie hinter dem Tisch stehen werden. Ihr Standort sollte so beschaffen sein, dass sich hinter Ihrem Rücken weder eine Tür noch Fenster befinden (notfalls mit einem weißen Tuch verhängen).

Stellen bzw. legen Sie auf den Tisch (siehe Abbildung 5)

in die Mitte: eine gläserne Kugel, um das Element Geist zu symbolisieren,

östlich davon (von Ihrem Standort aus gesehen): eine Schale mit Brotkrumen oder Salz, um das Element Erde darzustellen,

Abbildung 5:
Anordnung der magischen Elemente im Bannritual

südlich: eine Schale Wasser, welches das magische Element gleichen Namens vertritt,
westlich: eine weiße Wachskerze nebst Zündhölzern, die für das Element Feuer steht,
nördlich: eine Schale mit Räucherwerk, die das Element Luft verbildlicht.
Gut wäre es, wenn Sie sich unmittelbar vor diesem Bannritual der Übung zur Reinigung Ihrer Aura unterzogen hätten (siehe Seite 82 ff.). Begeben Sie sich sodann in den Raum, den Sie in einen geistigen Schutzraum umwandeln wollen und in dem Sie die

Symbole für die fünf magischen Elemente vorbereitet haben.

Sorgen Sie dafür, dass Sie während des Bannrituals auf keinen Fall gestört werden. Gehen Sie einige Augenblicke langsam auf und ab, und konzentrieren Sie sich auf Ihr Vorhaben. Dann treten Sie hinter den Tisch an Ihren vorher gewählten Standort, sodass Sie eine Wand ohne Tür oder Fenster in Ihrem Rücken haben.

Das Ritual   Legen Sie Ihre rechte Hand auf die Schale mit dem Salz oder den Brosamen. Schließen Sie die Augen, und atmen Sie fünfmal tief und regelmäßig ein und aus.

Anrufung des   Sagen Sie laut oder im Stillen: *»Element*
Elementes Erde   *Erde, ich erbitte deinen Beistand für diesen Raum.«*

Öffnen Sie die Augen, und nehmen Sie die Schale mit dem Element Erde in die rechte Hand. Schreiten Sie mit langsamen, feierlichen Schritten im Uhrzeigersinn den äußeren Rand des Raumes ab, der durch das magische Element geschützt werden soll.

Verstreuen Sie währenddessen mit Ihrer linken Hand in regelmäßigen Abständen fünfmal ein wenig von dem Element Erde auf der Grenze Ihres Schutzraumes. Sagen Sie jedes Mal, während Sie streuen: *»Das Element Erde schützt und reinigt meinen Raum.«*

Kehren Sie sodann zu Ihrem Tisch in der Mitte des Zimmers zurück. Stellen Sie die leere Schale wieder an ihren Platz, und lassen Sie Ihre linke Hand auf der Schale ruhen. Sagen Sie, laut oder im Stillen: *»Element Erde, ich danke dir für Schutz und Reinigung meines Raumes.«* Lösen Sie Ihre linke Hand von der Erdschale und legen sie offen vor sich auf den Tisch.

Legen Sie nun Ihre rechte Hand auf die Wasserschale, schließen Sie die Augen und atmen erneut fünfmal tief und regelmäßig ein und aus. Sagen Sie laut oder im Stillen: *»Element Wasser, ich erbitte deinen Beistand für diesen Raum.«* Öffnen Sie die Augen, und nehmen Sie die Schale mit dem Element Wasser in die rechte Hand. Schreiten Sie mit langsamen, feierlichen Schriften im Uhrzeigersinn den äußeren Rand des Raumes ab, der durch das magische Element geschützt werden soll.

Anrufung des Elementes Wasser

Verteilen Sie währenddessen mit Ihrer linken Hand in regelmäßigen Abständen fünfmal ein wenig von dem Element Wasser auf der Grenze Ihres Schutzraumes. Sagen Sie jedes Mal, während Sie einige Wassertropfen verteilen: *»Das Element Wasser schützt und reinigt meinen Raum.«*

Kehren Sie sodann zu Ihrem Tisch in der Mitte des Zimmers zurück. Stellen Sie die leere Schale wieder an ihren Platz, und lassen Sie Ihre linke Hand auf der Schale ruhen. Sagen Sie laut oder im Stillen: *»Element Wasser, ich danke dir für Schutz und Reinigung meines Raumes.«* Lösen Sie Ihre linke Hand von der Wasserschale und legen sie offen vor sich auf den Tisch.

Zünden Sie nun die Kerze an, legen Sie Ihre rechte Hand um den Kerzenschaft und schlie-

Anrufung des Elementes Feuer

ßen die Augen. Atmen Sie wiederum fünfmal tief und regelmäßig ein und aus.

Sagen Sie laut oder im Stillen: *»Element Feuer, ich erbitte deinen Beistand für diesen Raum.«*

Öffnen Sie die Augen, und nehmen Sie die Kerze mit dem Element Feuer in die linke Hand. Schreiten Sie mit langsamen, feierlichen Schritten im Uhrzeigersinn den äußeren Rand des Raumes ab, der durch das magische Element geschützt werden soll.

Schwenken Sie währenddessen mit Ihrer linken Hand in regelmäßigen Abständen fünfmal die Kerze, sodass einige Funken des Elementes Feuer die Grenze Ihres Schutzraumes markieren. Sagen Sie jedes Mal während Sie die Kerze schwenken: *»Das Element Feuer schützt und reinigt meinen Raum.«*

Kehren Sie sodann zu Ihrem Tisch in der Mitte des Zimmers zurück. Lassen Sie die Kerze brennen, stellen Sie sie wieder an ihren Platz und halten sie mit der linken Hand umfasst. Sagen Sie laut oder im Stillen: *»Element Feuer, ich danke dir für Schutz und Reinigung meines Raumes.«*

Lösen Sie Ihre linke Hand von der Kerze und legen sie offen vor sich auf den Tisch.

Anrufung des Elementes Luft   Zünden Sie nun das Räucherwerk an, legen Sie Ihre rechte Hand an die Schale, schließen Sie die Augen und atmen erneut fünfmal tief und regelmäßig ein und aus. Sagen Sie laut oder im Stillen: *»Element Luft, ich erbitte deinen Beistand für diesen Raum.«*

Öffnen Sie die Augen, und nehmen Sie die Schale mit dem Element Luft in die rechte Hand. Schreiten Sie mit langsamen, feierlichen Schritten im Uhrzeigersinn den äußeren Rand des Raumes ab, der durch das magische Element geschützt werden soll.

Schwenken Sie währenddessen mit Ihrer rechten Hand in regelmäßigen Abständen fünfmal die Schale, sodass einige Rauchschwaden des Elementes Luft die Grenze Ihres Schutzraumes markieren. Sagen Sie jedes Mal, während Sie schwenken: *»Das Element Luft schützt und reinigt meinen Raum.«*

Kehren Sie sodann zu Ihrem Tisch in der Mitte des Zimmers zurück. Stellen Sie die Schale wieder an ihren Platz, und lassen Sie Ihre linke Hand auf der Schale ruhen. Sagen Sie laut oder im Stillen: *»Element Luft, ich danke dir für Schutz und Reinigung meines Raumes.«*

Lösen Sie Ihre linke Hand von der Luftschale und legen sie offen vor sich auf den Tisch.

Richten Sie nun Ihren Blick auf die gläserne Kugel, die in der Mitte des Tisches liegt. Ohne die Kugel zu berühren, fassen Sie sie **Anrufung des magischen Geistes** fest ins Auge und nehmen den Anblick der Kugel in sich auf. Schließen Sie die Augen und atmen fünfmal tief und regelmäßig ein und aus. Sagen Sie laut oder im Stillen: *»Element Geist, ich erbitte deinen Beistand für diesen Raum.«*

Sehen Sie mit Ihrem geistigen Auge, wie die Kugel zu leuchten beginnt und in hellem Licht erstrahlt. Nehmen Sie wahr, dass die strahlende Kugel sich ausdehnt, stetig immer größer wird, bis sie Ihren gesamten Raum mit ihrem Licht, ihren Strahlen, ihrer Energie erfüllt. Spüren Sie die Wärme, Reinheit, Lauterkeit des magischen Elementes Geist, in der jede letzte Spur energetischer Verunreinigung in Ihrem Raum vergeht.

Öffnen Sie nun wieder die Augen, fassen Sie die gläserne Kugel in den Blick und sagen laut oder im Stillen: *»Element Geist, ich danke dir für Schutz und Reinigung meines Raumes.«*

Ausklang und   Heben Sie zum Abschluss des Rituals Ihre
Wiederholung   Arme und strecken sie, zu ungefährer V-Form gespreizt, waagrecht über dem Tisch aus. Die Hände sind dabei offen, die Handrücken weisen nach oben.

Fassen Sie erst die gläserne Kugel, dann der Reihe nach die Symbole für die Elemente Erde und Wasser, Feuer und Luft in den Blick.

Sagen Sie mit Nachdruck laut oder im Stillen: *»Mein geistiger Raum ist nun gereinigt und sicher. Nur positive Energien können in ihn eindringen.«*

Eine Wiederholung des Bannrituals ist normalerweise nicht erforderlich. Falls Sie nach dem Ritual nicht die intuitive Gewissheit erlangen, dass Ihr geistiger Schutzraum vollkommen sicher ist, sollten Sie vorher die Übungen zur Reinigung und Stärkung der Aura sowie zur Reinigung der Chakras und des Unterbewusstseins wiederholen. Im Anschluss können Sie auch das Bannritual, falls gewünscht, nochmals durchführen.

7 Verbünden Sie sich mit Ihrem spirituellen Hüter

Für alle Menschen, die sich regelmäßig spirituellen Übungen unterziehen, ist es ratsam, ebenso kontinuierlich ein Fantasie- und Traumtagebuch zu führen (siehe Seite 147 f.). Dank dieses einfachen Hilfsmittels kommen Sie nicht nur eventuellen Energieparasiten, die sich an Ihrer Lebenskraft vergehen möchten, rasch auf die Spur – das Traumtagebuch erleichtert Ihnen auch die Suche nach Ihrem persönlichen Schutzgeist, Engel, spirituellen Wächter oder wie immer Sie diese Wesenheit bezeichnen möchten.

Die Suche

Sollte Ihnen also Ihr spiritueller Hüter nicht bereits bekannt sein, so versuchen Sie herauszufinden, welche behütende, vertraueneinflößende und machtvolle Gestalt aus der geistigen Welt in Ihren Träumen und Tagträumen häufig auftaucht. Zeichnen oder ma-

Suchen Sie Ihren Hüter mit dem Traumtagebuch

len Sie dieses Wesen in Ihrem Fantasie- und Traumtagebuch, beschreiben Sie sein Äußeres und seinen Charakter mit Ihren Worten, und notieren Sie, was Ihr (mutmaßlicher) Schutzgeist im Traum zu Ihnen gesagt oder was Sie zu ihm gesagt haben.

Fragen Sie Ihren Hüter nach seinem Namen Fragen Sie ihn in Wachträumen (und auch in nächtlichen Träumen, falls Sie diese genügend steuern können) nach seinem Namen. Bitten Sie ihn, Ihnen von seiner Herkunft und Aufgabe zu erzählen.

Erkunden Sie Herkunft und Aufgabe Ihres Hüters Falls sich herausstellt, dass Ihr spiritueller Hüter bereits in irgendeiner Kultur und Epoche der Menschheit zum Beispiel als Gottheit, Heiliger oder Ähnliches verehrt worden ist, sollten Sie sich mit der überlieferten Lehre oder den irdischen Taten dieser Wesenheit beschäftigen. Besorgen Sie sich ein Bild oder eine Skulptur von ihm oder ihr, die sie in Ihrem geistigen Schutzraum aufstellen oder bei Bedarf mit sich führen können.

Wenn Sie intuitive Gewissheit erlangt haben, dass es sich bei dieser Wesenheit tatsächlich um Ihren persönlichen Wächter aus der geistigen Welt handelt, sollten Sie in einem kleinen Ritual einen bewussten Bund mit Ihrem Schutzgeist oder Engel schließen.

Das Ritual der Anrufung und Verbindung

Ziehen Sie sich in Ihren geistigen Schutz- **Vorbereitung**
raum zurück, und sorgen Sie dafür, dass Sie nicht gestört werden. Setzen Sie sich bequem hin, und atmen
Sie einige Minuten lang tief und regelmäßig ein und
aus.

Meditieren Sie nun über dem Bild Ihres **Visualisierung**
Schutzengels oder Hüters, das Sie selbst gezeichnet
oder gemalt bzw. sich besorgt haben. Verinnerlichen
Sie dieses Bild, vergegenwärtigen Sie sich die Eigen-
schaften Ihres spirituellen Hüters, die Sie in Erfahrung
gebracht haben: seine Güte, seine Macht, seine Uner-
müdlichkeit als Beschützer und so fort.

Schließen Sie die Augen, und spüren Sie, wie das Bild
Ihres Engels oder Hüters in Sie einsinkt. Nehmen Sie
die Energie wahr, die von ihm ausgeht, und machen
Sie sich bewusst, dass umgekehrt auch Sie Energie zu
ihm strömen lassen.

Sagen Sie laut oder im Stillen: **Anrufung**
»Sei mir willkommen, [Name des Hüters]. **des Hüters**
*Bitte spende mir wie bisher Schutz, und lass mich wei-
ter an deiner Kraft und Weisheit teilhaben.*

*Meinen geistigen Schutzraum übergebe ich deiner be-
sonderen Obhut. Sorge dafür, dass nur positive Energien in ihn eindringen können.*

Ich danke dir.«

Verweilen Sie noch einige Minuten in stiller Zwiespra-
che mit Ihrem persönlichen Schutzgeist. Lauschen Sie

besonders aufmerksam auf die Antwort, die Sie möglicherweise von ihm erhalten.

Ausklang und   Öffnen Sie sodann wieder Ihre Augen, und
Wiederholung   kehren Sie langsam in den normalen Bewusstseinszustand zurück.

Künftig können Sie Verbindung mit Ihrem Schutzgeist
aufnehmen, wann immer Sie dies für erforderlich halten. Meist genügt es, den spirituellen Hüter im Stillen
einfach anzurufen. Stattdessen können Sie auch ein
wortloses Zeichen mit ihm vereinbaren: Fordern Sie
ihn beispielsweise auf, augenblicklich in Kontakt mit
Ihnen zu treten, wenn Sie ein Symbol Ihrer Wahl visualisieren.

DRITTER TEIL

Schutz vor Energie-Vampiren in Geschäft und Beruf

In diesem Buchteil möchte ich anhand weiterer praktischer Beispiele, Übungen und Rituale zeigen, wie wir uns in der Arbeits- und Geschäftswelt vor Energie-Vampiren schützen können. Jedoch wollen wir auch hier den positiven Aspekt nicht vernachlässigen: Menschengruppen in Firmen sowie die Unternehmen selbst können machtvolle Gruppen- oder Unternehmensauren ausbilden, die man im Prinzip ebenso stärken, pflegen und schützen kann wie die Aura des einzelnen Individuums. Deshalb stelle ich überdies bewährte Übungen zu Schutz und Stärkung überindivdueller Auren vor.

Auch Menschengruppen können Auren ausbilden

Bei den vielbeschworenen Kapitalströmen der Wirtschaftswelt handelt es sich um nichts anderes als gewaltige Energieflüsse, die entsprechend heiß umkämpft sind. Folglich bietet sich auch Energie-Vampiren gerade in der Arbeits- und Geschäftswelt ein besonders ergiebiges Betätigungsfeld: Nirgendwo sonst finden sie so gigantische Energieressourcen – Menschen, Ideen, Leidenschaften, Hoffnungen, Kapitalvermögen – in so großer Konzentration wie in Unternehmen und Geschäften vor.

Kapitalströme sind Energieflüsse

Die meisten von uns verbringen den größten Teil ihrer Zeit nicht mit ihrer Familie oder in ihrem Freundeskreis, sondern am Arbeitsplatz. Für die überwiegende Mehrheit bedeutet das heutzutage: Man hält sich acht Stunden täglich oder mehr in einem Büro auf, wo man im Wesentlichen immer mit denselben Personen – Kollegen, Untergebenen, Chefs – zusammen ist. Nicht selten verbringen Abteilungen oder Belegschaften auch einen gewissen Teil ihrer Freizeit zusammen, indem sie gemeinsam essen, ins Kino oder in Sportclubs gehen. Doch wer aus irgendwelchen Gründen als Außenseiter gilt – sei es, dass er sich von der Gruppe absondert oder diese ihn an den Rand drängt –, bekommt oftmals unangenehm den Druck zu spüren, den eine solche Menschengruppe auszuüben vermag – ein Druck, der sich rasch bis zu offenem Mobbing steigern kann.

Auch Mobbing ist ein Kampf um Energie Der Kern des Konfliktes ist in aller Regel auch hier ein Kampf um Lebensenergie: Der »Mob«, der sich auf ein Opfer stürzt, das schikaniert, entwürdigt, an die Wand gedrückt wird, agiert wie ein vielköpfiger Energie-Vampir, der sich an der geraubten Lebensenergie berauscht. Kein Wunder, dass Mobbingopfer übereinstimmend vor allem eines beklagen: den Zustand lähmender *Schwäche* und abgrundtiefer *Leere*, in welchen der vampiristische Angriff sie gestürzt habe.

Manche Teams sind vielköpfige Energie-Vampire Ebenso wie die Gruppen von Menschen, die in Büros oder Abteilungen zusammenarbeiten und – zumindest partiell – die gleichen Ziele verfolgen, mit der Zeit eine gemeinsame *Gruppenaura* oder gar einen überindividuellen *Team- oder Gruppengeist* ausbilden, lassen sich auch Unternehmen insgesamt als Energiegebilde mit einer eigenen Aura verstehen. Das ist sozusagen die energetische Wahrheit hinter der vielberedeten Corporate Identity: Wenn es den Anführern eines Unternehmens gelingt, alle relevanten Energieströme – menschliche wie Kapitalressourcen, Wissen und Leidenschaft der Mitarbeiter – in die gleiche Richtung zu lenken, dann gewinnt das Unternehmen in der Tat ein Eigenleben, die Identität und Strahlkraft einer machtvollen Wesenheit, die über eine eigene Aura verfügt. Gerät die energetische Struktur – die Aura einer Abteilung, eines Teams, eines Unternehmens etc. – aus irgendwelchen Gründen plötzlich durcheinander, so kann das betreffende Gebilde ebenso schnell wieder zerfallen und untergehen, wie es einst durch die Bündelung von Energien entstanden war.

Wie aber »funktionieren« Teams, welche Energiegesetze stecken hinter Aufbau und Zerfall überindividueller Auren? Lassen Sie uns diese energetischen Grundregeln **Auch Gruppenauren gehorchen Energiegesetzen** am Beispiel erfolgreicher Forschungs- oder Kreativteams kurz einmal studieren. Auch wenn mir nur allzu bewusst ist, dass in vielen Büros weniger Kreativität und Forschergeist als Routine und Erstarrung vorherrschen, gelten hier wie dort gleichwohl dieselben Energiegesetze. Deren Wirkungsweise aber ist da am deutlichsten zu erkennen, wo die Energieflüsse am stärksten sind und möglichst bewusst gesteuert werden.

8 Das Erfolgsgeheimnis starker Teams: Drei energetische Grundregeln

Wir leben im Zeitalter der Teams und Crews. Nicht mehr das einsame Genie, sondern die Bündelung von Talenten in der Gruppe ist das moderne Erfolgsrezept auf den verschiedensten Gebieten, besonders dort, wo schöpferische Intelligenz und konstruktive Fantasie gefragt sind. Diese Bevorzugung von Gruppen hat nichts mit einem angeblichen Niedergang des Individualismus zu tun – im Gegenteil.

1. *Teamgeist bildet sich aus den stärksten positiven Energien, die jeder Einzelne in die Gruppe einbringt.* **Erste Energieregel**

Teams sind keine Kollektive, in denen die Mitglieder gleichgeschaltet wären; das Erfolgsgeheimnis konstruktiver Gruppen besteht vielmehr darin, die spezifischen Stärken der einzelnen Angehörigen zu einem Gruppengeist und Gruppencharakter zu vernetzen, die das kreative und denkerische Potenzial jedes Einzelnen übertreffen. Diese spezifischen Stärken sind aber nichts anderes als die stärksten positiven Energien, die jedes Teammitglied in die Gruppe einbringt.

Zweite
Energieregel
2. *Teamgeist setzt Bewusstsein unserer eigenen Stärken und Anerkennung der Stärken der anderen Mitglieder voraus.*

Die Angehörigen einer Gruppe sind nur dann bereit und imstande, dem Team ihre besten Energien zur Verfügung zu stellen, wenn sie alle einander wertschätzen. Das setzt voraus, dass jeder sich seiner eigenen Stärken bewusst ist und die der anderen ebenso kennt und anerkennt. Rivalität innerhalb der Gruppe ist so wenig förderlich, wie wenn unsere Ohren mit den Augen um die Funktion der Sehorgane wetteifern würden. Doch falsche Bescheidenheit ist ebenso wenig am Platze: Im Team muss jeder dort eingesetzt werden, wo er am stärksten ist.

Dritte
Energieregel
3. *Im Team lenken alle ihre Energien auf den jeweiligen Akteur.*

Jeder kennt das stärkende Gefühl, das einen durchströmt, wenn sich die Aufmerksamkeit eines wohlwollenden oder gar begeisterten Auditoriums auf einen richtet. Theaterschauspieler *nähren* sich energetisch vom Applaus ihres Publikums, und ein wenig gleichen in dieser Hinsicht wir alle ihnen: Die Aufmerksamkeit von Zuhörern beflügelt unseren Geist, Witz und Beredsamkeit, sodass selbst der trockenste Stockfisch unter energetisch günstigen Umständen eine leidenschaftliche Eloquenz entfalten kann. Umso größere Leistungen aber vermag der Einzelne zu erzielen, wenn seine Gruppe durch geballte Energiezuwendung gezielt seine stärksten Seiten unterstützt.

Stellen Sie sich beispielsweise eine infor- **Ein Beispiel:** melle Konferenz der leitenden Manager **Brainstorming** eines Unternehmens vor, die durch lockeres Brainstorming neue Absatzmöglichkeiten für ihre Produkte auskundschaften wollen. Wenn jeder versucht, die anderen zu übertönen oder Ideen der Kollegen möglichst niederzumachen, so kann bei diesem Meeting nur Frustration entstehen. Wenn eine starre hierarchische Ordnung besteht, also die größte Aufmerksamkeit den mächtigsten, nicht den kreativsten Teilnehmern zugewendet wird, ist zumindest nicht mit sonderlich innovativen Ideen zu rechnen. Wenn sich das Team aber darauf verständigt hat, jeweils dem Mitglied mit den im aktuellen Moment stärksten, konstruktivsten, besten Ideen alle verfügbare Energie zufließen zu lassen, dann wird der so aufgebaute Teamgeist Ergebnisse hervorbringen, zu denen weder ein einsam entscheidender Unternehmensführer noch eine Horde untereinander rivalisierender Manager imstande wäre.

So einfach diese Regel zu verstehen und **Im Unterneh-** im Prinzip auch umzusetzen ist, so schwer **men alten Stils** fällt es hierarchisch und kompetitiv ge- **fließen die** drillten Entscheidungsträgern immer wie- **Energien dem** der, sie in der Praxis auch zu beherzigen. **Chef zu**

In altmodischen Unternehmen fließt dem Mann mit der größten Macht automatisch die meiste Energie zu: Er hat gleichsam ein institutionalisiertes Recht, sich mit der Energie seiner Untergebenen aufzupumpen.

In starken Teams fließen alle Energien zum jeweiligen Akteur

Im modernen, nach Energiegesetzen strukturierten Unternehmen aber werden möglichst alle Energieströme stets auf das Teammitglied (oder entsprechend die Abteilung, Sparte etc.) gerichtet, das im betreffenden Moment über das stärkste Potenzial verfügt. Wenn ein anderer Angehöriger der Gruppe den Faden aufgenommen hat und kraft seiner eigenen spezifischen Stärke weiterspinnt, werden die Energien vom vorherigen Akteur abgezogen, und alle Teammitglieder – auch der vorherige Sprecher – richten ihre Energien auf den neuen, aktuellen Akteur.

9 Wenn der Gruppengeist an Energiemangel leidet

Unglücklicherweise ist der Gruppengeist in vielen Büros weitaus weniger altruistisch und kreativ, und die herrschenden Strukturen sind häufig starrer und hierarchischer als in idealtypisch starken **Energiedefizit der Gruppe mindert die Leistungsfähigkeit** Teams. Das ist erstens für das betreffende Unternehmen von Nachteil, da ein schwach ausgeprägter – oder gar energetisch negativ gepolter – Gruppengeist die Leistungsfähigkeit der Firma mindert.

Zweitens leiden auch die Mitglieder der Gruppe selbst darunter, da sich hinter einer kümmerlichen Gruppenaura in aller Regel Energiekämpfe rivalisierender Indi- **Energiemangel der Gruppe begünstigt Mobbing** viduen verbergen. Drittens aber haben häufig Außenseiter am Rande solcher Gruppen unter der schwachen oder mit negativen Energien versetzten Gruppenaura zu leiden – dann nämlich, wenn die Gruppe insgesamt zum »vielköpfigen Energie-Vampir« wird, der Jagd auf Mobbingopfer macht. Denn allen Gruppen mit schwach ausgeprägter oder negativer Gruppenaura ist eines gemeinsam: ein Mangel an Lebensenergie, unter dem sowohl die einzelnen Mitglieder als auch der Gruppengeist leiden.

Fallbeispiel: Auch wer lächelt, kann Zähne zeigen

Liza D. war Ende dreißig, als ihr Mann Frank sie nach knapp zehnjähriger Ehe über Nacht verließ. In ihrer Gemeinschaft hatte sie bis dahin den »aufopfernden« Frauentypus so selbstlos verkörpert, dass der ständig Aufmerksamkeit fordernde Frank (nach ihren Schilderungen ein klassischer Narziss) sie energetisch vollkommen ausgesogen hatte – um sich daraufhin ein neues Opfer zu suchen.

Wenn die Ehe krank macht Als Liza mich zum ersten Mal konsultierte, wirkte sie auch äußerlich fast wie ein Gespenst, genauer gesagt wie jemand, der mit knapper Not eine lebensbedrohliche Krankheit (namens Frank) überstanden hatte. Doch mithilfe eines Sofortprogramms zum Aufbau von Körper- und mentalen Energien sowie der in den voranstehenden Kapiteln vorgestellten Übungen und Rituale kam Liza recht schnell wieder zu Kräften. Auch ihr Selbstbewusstsein, das in der Ehe mit Frank ständig malträtiert worden war, hatten wir nach einigen Wochen so weit regeneriert, dass Liza wieder

daran denken konnte, den »Kampf mit der Außenwelt«, wie sie es nannte, aufzunehmen. Weniger
kriegerisch gesprochen: Sie brauchte einen Job.

Als ausgebildete Juristin, die ihren Beruf **Die Kollegen**
allerdings zehn Jahre lang nicht ausgeübt **drangsalieren**
hatte, musste Liza mehrere Anläufe un- **die Außen-**
ternehmen, bis sie eine Stelle in einem **seiterin**
großen Immobilienbüro fand. Die Abteilung für
Grundstückskaufverträge, wo sie juristische Formulierungen prüfen sollte, bestand einschließlich
ihr selbst aus zwölf Sachbearbeitern, sieben Männern und fünf Frauen. Im Frühjahr 1996, als Liza
ihre Stelle antrat, herrschte in der Abteilung eine
seltsam gereizte Atmosphäre. Es dauerte nicht lange, bis sie begriff, was sich dort abspielte: Eine ihrer
Kolleginnen, eine junge Frau namens Marylou, die
wenige Wochen vor Liza neu hinzugekommen war,
wurde von den anderen, alteingesessenen Sachbearbeitern so verstohlen wie systematisch bedroht
und eingeschüchtert.

»Sie führen einen regelrechten Psycho- **Mobbingterror**
krieg«, wie Liza mir fassungslos erzählte, **gegen Marylou**
»und als ich einige Kollegen fragte, was sie gegen
Marylou hätten, zuckten sie nur mit den Schultern
und sagten grinsend: ›Die muss eben weg!‹«

Der Mobbingterror gegen Marylou dauerte nur
noch wenige Tage, dann gab das entnervte Opfer
auf und kündigte seinen Job. Erst da wurde sich
Liza mit jäh aufsteigender Panik bewusst, dass die

Horde nun höchstwahrscheinlich ein neues Opfer
suchte. Und die einzige Kandidatin weit und breit
war sie selbst.

Das Leitmotiv Nach ihren Jahren mit Ehemann Frank
der Abteilung: hatte sie allerdings auch beträchtliche Er-
Kampf um fahrungen in Psychokämpfen. Außerdem
Energie hatte ich Liza in langen Gesprächen mein
spirituelles Energiekonzept erläutert, sodass sie
nun umso rascher erkannte, was der Hintergrund
dieses aggressiven Gruppenverhaltens war: Das
heimliche, wohl kaum einem der Akteure bewusste
Leitmotiv der Abteilung für Grundstückskaufverträge lautete *Kampf um Energie.*
Der Chef der Abteilung war ein ständig kränkeln-
der Mann Ende fünfzig, von dem alle annahmen,
dass er in Kürze aus Gesundheitsgründen seinen
Posten würde räumen müssen. Drei Sachbearbei-
ter, die sich Chancen auf seine Stelle ausrechneten,
belauerten einander ständig und versuchten möglichst viele Kollegen auf ihre Seite zu bringen, da es
in diesem Immobilienbüro Tradition war, die Abteilungsleiter aus der Mitte der Belegschaft wählen zu
lassen. Infolge dieser unablässigen Konkurrenz-
kämpfe missachtete die Gruppe natürlich alle drei
energetischen Grundregeln für erfolgreiche Teams,
die ich oben dargelegt habe:

♦ Keiner der drei Rivalen dachte daran, seine spezifischen Stärken zum Wohl des Teams einzubrin-

gen; im Gegenteil setzten sie ihre Konkurrenten und deren Gefolgsleute ständig herab.

◆ Keiner von ihnen und ihren Gefolgsleuten war bereit, die Stärken der anderen anzuerkennen, und keiner war imstande, seine eigenen Stärken angemessen einzuschätzen, da jede Wahrnehmung und Selbstdarstellung durch den Machtkampf um die Nachfolge des Abteilungsleiters beeinflusst war.

◆ Machtkämpfe und Fraktionsbildung beeinträchtigten auch den Fluss der Energien erheblich: Niemand erhielt je die Aufmerksamkeit der ganzen Gruppe, sondern allenfalls die Zuwendung seiner Parteigänger. Und ohnehin strömten die Energien nicht demjenigen zu, der im aktuellen Moment den stärksten Aspekt der Gruppe verkörperte; vielmehr war der Energiefluss ausschließlich durch Hierarchien und Machtverhältnisse bestimmt.

Sicherlich wäre die Abteilung für Grundstückskaufverträge längst in drei heillos zerstrittene Unterabteilungen zerfallen, hätte nicht der Zwang, nach außen einheitlich aufzutreten, für die Erhaltung eines rudimentären Gruppengeistes gesorgt. Dessen Ausrichtung war allerdings fast ausschließlich negativ: Einig war sich die Gruppe lediglich darin, Ansprüche anderer Abteilungen oder von Vorgesetzten abzuwehren und die Macht ihrer Abteilung innerhalb des Unternehmens zu stärken. Entsprechend litten

Einigkeit der Rivalen gegen den gemeinsamen Feind

nicht nur die einzelnen Gruppenmitglieder, sondern auch der Gruppengeist insgesamt an eklatantem Energiemangel.

Ein energetisch Wen wundert es, dass sich ein derart un-
desorganisier- heilvoller Gruppengeist im Psychoterror
tes Team gegen ein Mobbingopfer manifestierte? Für
ein energetisch desorganisiertes Team wie Lizas Abteilung war Mobbing fast die einzige Möglichkeit, sich einen berauschenden Überfluss an Energie zu verschaffen – wenn auch nur vorübergehend und einzig durch vampiristische Überwältigung eines Opfers, das von der Gruppe ausgesaugt wurde wie ein wehrloser Wanderer von einem Moskitoschwarm.

Vorwärtsver- Aber keine Sorge, zumindest Lizas Ge-
teidigung des schichte geht gut aus: Nachdem die un-
potenziellen glückliche Marylou mit tränenerstickter
Opfers Stimme ihre Peiniger verwünscht und sodann das Feld geräumt hatte, entschloss sich Liza auf meinen Rat hin zu einer Gegenoffensive. Anstatt einfach zu warten, bis der unheilvolle Gruppengeist sie als nächstes Mobbingopfer auserwählen würde, oder sich gar auf die Seite der Vampire zu schlagen (in der Hoffnung, dass diese ihre Zähne in eine andere Kehle bohren würden), unternahm sie einen mutigen Versuch, die Angriffslust des Gruppengeistes zu dämpfen.

Für ihre Offensive wählte sie die einzige Methode, die Vampire wirklich beeindruckt: Sie zeigte ihre

Zähne. Anders gesagt: Liza lächelte, bis ihr die Kiefermuskeln schmerzten.

Sie schenkte jedem Kollegen und jeder **Eine Offensive** Kollegin in ihrer Abteilung so viel Auf- **des Lächelns** merksamkeit und folglich Energie, wie sie irgend erübrigen konnte. Dabei achtete sie sorgsam darauf, weder den drei mächtigen Fraktionsanführern mehr Energie zukommen zu lassen als den »gewöhnlichen« Gefolgsleuten noch eine der drei Fraktionen vor den anderen zu bevorzugen. Sie agierte einfach so, als befände sie sich nicht in einer zerstrittenen Gruppe, sondern in einem gut organisierten Team, in dem jeder die energetischen Grundregeln beherzigte.

Zwar war sie anfangs die Einzige, die diese Regeln befolgte, aber da sie dank unseres Aufbau- und Schutzprogramms über gut gefüllte Energiereservoirs und eine robuste Aura verfügte, hielt sie ihre aufreibende Offensive des Lächelns eine ganze Woche lang durch. Indem sie ständig die Energieportionen verschenkte, um die ihre Kollegen zu kämpfen gewohnt waren, wirkte sie auf die Gruppenmitglieder buchstäblich entwaffnend. Anfängliche Versuche, den gegen Marylou geführten Psychokrieg nun gegen Liza fortzusetzen, prallten an ihrer gehärteten Aura ab und schliefen rasch wieder ein. Stattdessen begannen etliche Gruppenmitglieder· nach Lizas Lächeln, ihrem Interesse, ihrer Zuwendung zu lechzen: Niemand in der ganzen

Abteilung verschenkte seine Energie so freigiebig wie sie.

Die Fronten
beginnen zu
bröckeln

In der zweiten Woche begannen einige Kollegen und Kolleginnen ihr Lächeln schüchtern zu erwidern.

Am Anfang des zweiten Monats stellten Liza und ich in einer unserer ausführlichen Besprechungen fest, dass die Fronten zwischen den Fraktionen zu bröckeln begannen. Die drei Anführer gerieten mehr und mehr in Isolation.

Am Ende ihrer siebten Woche in der Abteilung für Grundstückskaufverträge schlug Liza ihren vollzählig versammelten Kollegen vor, zur Feier des Wochenendes zusammen essen zu gehen. Sie hatte sich lange auf diesen Moment vorbereitet, und während sie auf die Reaktionen wartete, versuchte sie, sich ihre Anspannung nicht anmerken zu lassen.

Isolation der
Machtvampire

An diesem ersten Essen nahmen – Liza eingeschlossen – neun Angestellte der Abteilung für Grundstückskaufverträge teil. Lediglich die drei bisherigen Konkurrenten um die Nachfolge des Abteilungsleiters weigerten sich mit versteinerten Mienen, an dieser »Verschwisterung« der Gruppenmitglieder teilzunehmen, auf deren Unterordnung und Zersplitterung bisher ihre Macht basiert hatte.

Geburt eines
neuen Gruppen-
geistes

Es war ein Triumph für Liza, und es war der Tag, an dem in ihrer Abteilung ein neuer Gruppengeist geboren wurde.

Ein halbes Jahr darauf ging der kränkliche Abteilungsleiter endlich in den verdienten Ruhestand. Zu diesem Zeitpunkt hatten zwei der drei einstigen Machtrivalen bereits ihre Stellen gekündigt; der dritte war in eine andere Abteilung versetzt worden.

Im Herbst 1996 wurde Liza D. mit überwältigender Mehrheit zur neuen Abteilungsleiterin gewählt. Diese Wahl fand die ausdrückliche Billigung auch des obersten Managements – schließlich verdankte man ihr die Entstehung einer konstruktiven Gruppenaura, durch die mit dem allgemeinen Energielevel auch Motivation und Kreativität der Teammitglieder deutlich gestiegen waren.

SOS-Check: So schützen Sie sich wirkungsvoll vor Mobbing

Nicht jeder meiner Leser wird sich zu einer »Offensive des Lächelns« fähig oder berufen fühlen. In der Tat setzt eine Vorwärtsverteidigung wie die von Liza D. im oben geschilderten Fallbeispiel ein starkes Selbstbewusstsein, eine robuste Aura und beträchtliche Energieressourcen voraus. Darüber hinaus kann es eine ganze Reihe von Gründen geben, unter Umständen – je nach Situation und der eigenen beruflichen Position – unauffälligere Schutzmaßnahmen vorzuziehen.

Daher habe ich hier einige bewährte Ratschläge zusammengestellt, wie Sie sich gegen Mobbing oder andere Formen des Energie-Vampirismus am Arbeitsplatz wappnen können.

Energie-Vampire am Arbeitsplatz? *1. Herrscht an Ihrem Arbeitsplatz eine deutlich hierarchische Struktur mit einem »starken Mann« bzw. einer »starken Frau« an der Spitze?*

Ein Machtvampir als Chef? Eine solche Hierarchie kann bereits ein Indiz für ein latentes Energieproblem der Gruppe – und damit für drohendes Mobbing – sein: Als »Machtvampir« zapft der Vorgesetzte seinen Untergebenen ständig gewisse Anteile ihrer Energien ab – mit der Folge, dass der Gruppengeist seinerseits vampiristische Züge entwickelt, um sich durch Aussaugen geeigneter Opfer schadlos zu halten.

Anpassungsdruck in der Gruppe? *2. Üben die Arbeitskollegen (bzw. eine Untergruppe) innerhalb des Büros spürbaren Anpassungsdruck auf Neuankömmlinge aus?*

Dieser Druck manifestiert sich meist in starren Überzeugungen und Verhaltensweisen, die rigide verteidigt werden. So kann in der Gruppe beispielsweise ein tyrannischer Konsens darüber herrschen, welche Lokale man in der Mittagspause besucht (und welche man niemals betreten würde), welche Sportarten man nach Feierabend betreibt (und welche nur für Idioten geeignet sind), welcher Kleidungsstil chic ist (und welche anderen Stilarten einen als Underdog, Angeber etc. brandmarken). Personen, die neu in die betreffende Abteilung kommen, werden vor die Wahl gestellt, entweder diese Überzeugungen und Verhaltensweisen fortan zu teilen – oder als Außenseiter isoliert zu sein.

3. *Agiert die Gruppe auch außerhalb der Arbeitszeit häufig gemeinsam? Übt sie folglich auch hinsichtlich des Freizeitverhaltens einen spürbaren Anpassungsdruck aus?* Eine »verschworene Gemeinschaft« auch nach Feierabend?

Gerade Gruppen, die durch ein negatives Merkmal – den gemeinsamen Energiemangel – charakterisiert sind, neigen dazu, über den beruflichen Bereich hinaus auch das Privatleben ihrer Mitglieder zu manipulieren. Man betreibt zusammen Sport, besucht gemeinsam das Kino, verreist zusammen an Wochenenden usw. – wobei der Gruppengeist auch in diesen Aspekten rigide Vorlieben hegt und verlangt, dass sich alle diesen Überzeugungen und Gewohnheiten unterwerfen.

Wenn Sie *eine der drei Fragen* des SOS-Checks mit »ja« beantwortet haben, ist Vorsicht geboten: Lassen Sie sich von der Gruppe vereinnahmen, so werden fortan auch Sie an dem Energiemangel leiden, der für diesen Grup- **Auswertung der Checkliste** Einmal »ja«

pengeist charakteristisch ist. Grenzen Sie sich dagegen zu rigide ab, so riskieren Sie, als Außenseiter gebrandmarkt und möglicherweise zum Opfer des (latent) vampiristischen Gruppengeistes zu werden.

Zweimal »ja«   Wenn Sie *zwei von drei Fragen* bejahen mussten, sollten Sie sofort wirksame Schutzmaßnahmen treffen: Mit hoher Wahrscheinlichkeit handelt es sich um einen vampiristischen Gruppengeist mit ausgeprägtem Energiedefizit, der versuchen wird, Sie entweder in die Gruppe zu zwangsintegrieren oder als Opfer des kollektiven Energie-Vampirs zu stigmatisieren.

Dreimal »ja«   Wenn Sie *alle drei Fragen* mit »ja« beantwortet haben, bedeutet dies »Alarmstufe rot«: Der unter dramatischem Energiemangel leidende Gruppengeist lechzt nach weiteren Opfern seiner vampiristischen Gelüste. Doch durch sofortigen Einsatz meines für solche Fälle konzipierten Notprogramms (siehe unten) können Sie sich wappnen.

Notprogramm bei Mobbinggefahr

Fragen Sie sich als Erstes, ob es nicht besser für Sie wäre, sich eine andere Arbeitsstelle zu suchen. Wenn Sie zu dem Schluss kommen, dass Sie auf diese Stelle nicht verzichten möchten oder können, versuchen Sie durch Beherzigen der folgenden zehn Regeln Ihre Situation so weit wie möglich zu verbessern.

1. Intensivieren Sie ab sofort Ihr Pro- **Intensiver** gramm zum Aufbau von Energien (Medi- **Energieaufbau** tation, Körperarbeit), das Sie zu Hause in Ihrem Schutzraum (siehe Seite 153) durchführen. Beenden Sie diese Übungen jedes Mal mit der Übung zum Schließen der Chakras.

2. Führen Sie ab sofort regelmäßig die **Regelmäßige** Übungen zur Aurastärkung durch (siehe **Aurastärkung** Seite 75 ff.). Wappnen Sie jeden Morgen, ehe Sie sich an Ihren Arbeitsplatz begeben, Ihre Aura durch Bewusstseinsprogrammierung (siehe Seite 92 ff.).

3. Visualisieren Sie bei Ihren morgend- **Wappnung und** lichen Übungen zusätzlich, dass sich Ihre **Ausdehnung** gewappnete Aura während Ihrer Arbeits- **der Aura** zeit so weit ausdehnt, dass sie Ihren physischen Arbeitsplatz (Ihr Büro bzw. Ihren räumlichen Anteil an dem Mehrplatz- oder Großraumbüro, in dem Sie arbeiten) umhüllt. Beenden Sie diese zusätzliche Visualisierung, indem Sie sich vorstellen, dass Ihre Aura sich am Ende Ihres Arbeitstages zusammenzieht, bis sie Ihre physische Gestalt wieder so eng wie gewöhnlich umschließt.

4. Führen Sie ab sofort regelmäßig die **Regelmäßige** Übungen zur Aurareinigung durch (siehe **Aurareinigung**

Seite 82 ff.) – am besten jeden Abend, sowie Sie nach Hause zurückgekehrt sind. Ergänzen Sie diese Übungen durch die Reinigung Ihrer Chakras (siehe Seite 129 f.).

Freundliches Verhalten am Arbeitsplatz
5. Verhalten Sie sich an Ihrem Arbeitsplatz nicht verschlossen und eigenbrötlerisch, sondern zugänglich und tolerant. Vermeiden Sie gegenüber Mitgliedern der (latent oder akut) energievampiristischen Gruppe jedoch jede Andeutung zu Ihrem persönlichen Lebensstil, insbesondere zu Ihren spirituellen Überzeugungen und Gewohnheiten.

Umgang mit Anpassungsdruck
6. Akzeptieren Sie an Ihrem Arbeitsplatz alle »ungeschriebenen Gesetze«, die zu befolgen Ihnen nicht wirklich widerstrebt. Der Gruppengeist spürt ohnehin, dass Sie »anders« und nicht bereit sind, sich vollkommen anzupassen. Weigern Sie sich jedoch in allen Punkten, die Ihnen tatsächlich gegen den Strich gehen, so freundlich wie entschieden, mitzumachen.

Ein Beispiel
Wenn in der Gruppe an Ihrem Arbeitsplatz beispielsweise ein tyrannischer Konsens darüber herrscht, dass man ausschließlich eine bestimmte Teesorte trinken sollte (auf keinen Fall jene Sorte und unter gar keinen Umständen Kaffee), dann übernehmen Sie diese Gepflogenheit eben, falls diese Frage Ihnen nicht sonderlich wichtig ist. Verlangt der Gruppengeist jedoch, dass in der Mittagspause alle ins Hamburger-Restaurant gehen und

dort Fleischportionen zu sich nehmen, so sind Sie als Vegetarier gewiss nicht verpflichtet, sich anzuschließen. Allerdings sollten Sie dies auch nicht zum Anlass nehmen, Ihre persönlichen Energie- und Ernährungsregeln nun offensiv vor der Gruppe der Fleischesser zu vertreten.

7. Nachdem Sie sich entschlossen haben, auf Ihre Arbeitsstelle nicht zu verzichten, sollten Sie – schon zu Ihrem eigenen Wohl – **Optimale Arbeitsleistung erbringen** das Beste daraus machen: Investieren Sie viel Energie in Ihre Arbeit, so werden Sie über kurz oder lang auch ebenso viel zurückbekommen. Oftmals wird sich die Gruppe gezwungen sehen, zumindest Ihre Leistung anzuerkennen; auf jeden Fall aber vermeiden Sie so Ihre eigene energetische Schwächung, die unvermeidlich wäre, wenn Sie Ihre Arbeit auf Dauer nur widerwillig und mangelhaft ausüben würden.

8. Vermeiden Sie es, über die negativen Energien nachzudenken, die in der Gruppe zirkulieren, oder sich gar die Auswirkungen lebhaft und gefühlvoll vorzustellen, **Nicht über negative Gruppenenergien grübeln** die es für Sie hätte, wenn der Gruppengeist Sie als sein nächstes Energieopfer auswählen würde. Anderenfalls laufen Sie Gefahr, ebensolche Energien in Ihrem Inneren zu erzeugen und so die unerwünschte Aufmerksamkeit des Gruppengeistes gerade auf sich zu lenken.

9. Richten Sie Ihr Leben so ein, dass es auch in Ihrer Freizeit – über Ihre regelmäßigen Energieübun-

Außerberufliche Energiequellen pflegen gen hinaus – Quellen zur Gewinnung neuer Energien umfasst. Verbringen Sie bewusste und intensive Stunden mit Ihrer Familie und mit Freunden, und entwickeln Sie Hobbys, die Ihren Bedürfnissen und Ihrer Persönlichkeit entsprechen.

Selbstschutz durch Nächstenliebe 10. Wann immer Sie spüren, dass jemand an Ihrem Arbeitsplatz Ihnen unfreundlich oder gar feindselig begegnet, konzentrieren Sie sich darauf, voller Mitgefühl und altruistischer Liebe an ihn oder sie zu denken. Führen Sie sich vor Augen, dass und warum der Betreffende Ihr Mitgefühl verdient. Da Sie die universellen energetischen Gesetze verstanden haben und beherzigen, verfügen Sie über einen Überfluss an Lebensenergie – und der andere attackiert Sie nur deshalb, weil es ihm daran mangelt. Vermeiden Sie jedes Gefühl der Geringschätzung oder Herablassung, und lassen Sie einen Teil Ihrer positiven Energien zu ihm oder ihr fließen.

Übung: Abwehr psychischer Angriffe mit der Gummiwandmethode

Ein weiteres der universellen Energiegesetze besagt, dass Aggressionsenergien, die ein Angreifer gegen etwas oder jemanden richtet, wie ein Bumerang zu ihm selbst zurückkehren, sofern sie aus irgendeinem

Grund ihr Ziel verfehlen. Um diese Gesetzmäßigkeit zur Abwehr von Energie-Vampiren zu nutzen, können wir uns darauf trainieren, den Angriffsstoß mit unserer gewappneten Aura abzufedern:

Visualisieren Sie, dass die äußerste Schicht Ihrer Aura aus elastischem Gummi besteht. Ähnlich einem gespannten Bogen, von dem der Pfeil abgeschossen wird, gibt die Gummihülle auf Ihrer Aura so weit nach, bis sie straff gespannt ist – um sodann die negativen Energien mit der gleichen Wucht zu ihrem Absender zurückzuschleudern.

10 So schützen Sie Ihr Unternehmen vor Energie-Vampiren

Nicht anders als menschliche Individuen können wir auch geschäftliche Unternehmen als energetische Gebilde verstehen, die Energien aufnehmen und in transformierter Gestalt weitergeben. **Unternehmen erzeugen und transformieren Energie** Das bekannteste Symbol dieser wirtschaftlichen Energieströme ist das Geld, das wir zu »machen« hoffen, indem wir ein Unternehmen gründen und betreiben. Zuvor müssen wir Energien in vielfältiger Form investieren – Ideen, Kapital, eigene und fremde Arbeitskraft etc. –, die nachher in Form von Geld und Wohlstand zu uns zurückfließen sollen. Doch nicht immer sind nur wir selbst es, die von unserem Unternehmen profitieren wollen: Auch Unternehmen sind potenzielle Opfer von Energie-Vampiren, die sich die in dem Geschäft aufgehäuften Energien anzueignen trachten.

Was können wir gegen solchen Energiediebstahl tun? Wie lässt er sich abwehren? Wie kann man ihm vorbeugen?

Auch wenn man sein Unternehmen gegen Energie-Vampirismus sichern will, muss man im Inneren wie

Auch die Aura des Unternehmens will gepflegt sein im Äußeren geeignete Schutzmaßnahmen treffen. Ähnlich wie »Psychoschrott« in unserem Unterbewusstsein Energieräuber anziehen kann (siehe Seite 137 ff.), können auch gewisse Schwachstellen in der Unternehmensstruktur und -kultur Energie-Vampire anlocken.

Und nicht anders als unsere individuelle Aura, die gepflegt, gestärkt und gewappnet werden muss, um Energieaggressoren standhalten zu können, bedarf auch das wirtschaftliche Unternehmen einer energetisch starken, die einzelnen Teile organisch verbindenden und schützenden Außenhaut, von der vampiristische Angriffe abprallen.

»Leichen im Keller« locken Energie-Vampire an

Nicht immer handelt es sich um üble Nachrede, wenn die Leute von einem erfolgreichen Unternehmer sagen, der sei »über Leichen gegangen« bzw. habe die eine oder andere »Leiche im Keller vergraben«. Erfährt man später, dass der Betreffende erkrankt, verarmt oder durch »unerforschliche Schicksalsschläge« sonstwie in Unglück geraten sei, so darf man schlussfolgern, dass die alten Gerüchte, jene verheimlichten »Leichen« betreffend, vermutlich mehr als nur ein Körnchen Wahrheit enthielten. In der Regel wird es sich gewiss nicht um Leichen im kriminalistischen Sinn handeln, sodass sich auch kein Staatsanwalt für diese »Morde« interessiert. Meist sind die einstigen Erfolgsmenschen, die scheinbar durch einen »Unglücksfall«, durch »Zufall« oder »Schicksal« stürzten, vielmehr über »energetische Leichen« gestolpert, die sie gleichsam unter ihrem Unternehmen verscharrt hatten. Nicht anders als verdrängte Erinnerungen, die im Unterbewusstsein eines Individuum wie »Unheilsmagneten« wirken können, haben sie oftmals über lange Zeiträume im Innern des Unternehmens positive Energien blockiert und in der äußeren Welt negative Energien angezogen – bis irgendwann der kritische Punkt erreicht war, die Masse der negativen Energien die der positiven überwog und das ganze Gebilde scheinbar »aus heiterem Himmel« zusammenbrach. Doch für den, der zu sehen und Energiebilanzen zu lesen verstand, war der Himmel über dem betreffenden Unternehmen schon lange nicht mehr heiter gewesen. Solche »energetischen Leichen« im Keller von Unternehmen können beispielsweise sein:

Wenn »Energieleichen« den Erfolgsweg säumen

* Unsaubere Machenschaften, durch die der Gründer sich vor langer Zeit das Startkapital zur Unternehmensgründung verschafft hat: Nicht selten rächt sich so etwas am Ende eines Lebens, wenn der Raubritter von einst nun umgekehrt seinen Reichtum an einen Betrüger verliert.

Einige Beispiele für »Unheilsmagneten« in Unternehmen Dubioses Startkapital

Ausgebooteter ◆ Geschäftspartner der frühen Jahre, die
Partner beim Aufbau helfen durften, im passenden
Moment aber ausgebootet wurden: Ich kenne mehrere Fälle, in denen bis dahin erstaunliche Unter-
nehmerkarrieren durch »unfreundliche Übernah-
me« abrupt beendet wurden – und jedes Mal stellte
sich heraus, dass das betreffende »Opfer« in seiner
Frühzeit z. B. mit einem Gesellschafter nicht anders
verfahren war.

Übervorteilte ◆ Erfindungen, Patente, wirtschaftlich er-
Ideengeber giebige Ideen oder Konzepte, die vom
Unternehmen vermarktet wurden, ohne dass der
Urheber (oft handelt es sich um Mitarbeiter des Unternehmens) am Erfolg seiner Idee angemessen
beteiligt wurde: Sehr häufig werden solche Unternehmen ihrerseits Opfer von Industrie- oder Be-
triebsspionen, die durch ihren Initialakt des geistigen Diebstahls angelockt wurden.

Benachteiligung ◆ Oftmals sind es auch weitaus weniger
von Unterneh- offenkundige »Energiemorde«, die über
mensbereichen kurz oder lang einen Rächer auf den Plan
rufen: Auch ein internes Ungleichgewicht – etwa
zwischen Managern und Kreativen eines Unternehmens – bei der Verteilung von Macht, Wertschätzung und materiellen Einkünften kann sich
mittelfristig wie ein »Unheilsmagnet« auswirken –
beispielsweise indem der Kreativabteilung plötzlich eine für das Unternehmen ruinöse Panne un-
terläuft.

Prinzipiell funktioniert der energetische Aus- **Auch Unter-**
gleich und Austausch in Individuen, also **nehmen haben**
zwischen Körper, Geist und Seele, zwischen **ein Gedächtnis**
Bewusstsein und Unterbewusstsein, nicht anders als
innerhalb eines Unternehmens, also zwischen den
Hierarchieebenen, Sparten und Abteilungen, aber
auch zwischen Gegenwart und Vergangenheit: Energetische Gebilde jeder Art und Größenordnung verfügen über ein Gedächtnis, das im Innern das eins-
tige Geschehen speichert – und in der Außenwelt
Umstände und Personen anzieht, die den gespeicherten Informationen energetisch entsprechen.

Fallbeispiel: Der vergessene Erfinder

Als Burt F. eines Sommers in meiner Praxis erschien, um meine Hilfe als spirituelle Energie- und
Lebensberaterin zu erbitten, sah ich auf den ersten
Blick, dass er der physischen und psychischen Erschöpfung nahe war. Seine Haut war grau, auch
seine Aura wirkte graufleckig; dabei war der Mitt-
vierziger bis vor wenigen Monaten ein dynami-
scher, erfolgsgewohnter Unternehmer gewesen,
dessen Karriere, Energie und Durchsetzungskraft
im ganzen Land als vorbildlich galten.

In seinen jungen Jahren hatte Burt eine **Ein findiger**
Glühlampenfabrik gegründet, deren fort- **Vermarkter**
schrittlichstes Produkt, eine sogenannte Stromspar-

lampe, bald schon Furore machte. Nicht lange, und Burt, der in der Öffentlichkeit nicht nur als findiger Vermarkter, sondern auch als genialer Erfinder seines Verkaufsschlagers gepriesen wurde, musste seine Fabrik vergrößern. Während der nächsten Jahre kamen in rascher Folge weitere Produktionsstandorte hinzu. Mitte der Achtziger schien Burt F. ein gemachter Mann zu sein: vielfacher Dollarmillionär und Herr über ein multinationales Firmenimperium, dessen erfolgreichste Produkte allesamt auf jenem Urmodell der Stromsparlampe basierten.

Unheimliche Konkurrenten greifen den Marktführer an Bis sich Ende der Achtziger der Himmel über der Konzernzentrale verdüsterte. Niemand konnte sich erklären, wie so etwas möglich war: Praktisch über Nacht machten sich im ganzen Land gleich mehrere schlagkräftige Konkurrenten von Burts Fabrik breit, die vergleichbare Lampen zu ebenbürtiger Qualität, jedoch zu erheblich niedrigeren Preisen anboten. Burts Marktanteile bröckelten; ebenso unaufhaltsam fiel der Kurs seiner Aktien in den Keller.

Plagiatproduzenten und Markenpiraten Burt hetzte seine Rechtsabteilung auf die unheimliche Konkurrenz, der sie Patentschutzverletzung, illegale Produktion von Plagiaten und sogar Markenpiraterie vorwarfen. Tatsächlich hatte einer der Konkurrenten seinem Produkt einen Namen gegeben, der dem etablierten Markennamen von Burts Stromsparlampe zum Verwechseln ähnlich war. In diesem Streitfall und einigen anderen Auseinandersetzungen erzielten Burts Anwälte zwar kleinere Erfolge, doch das Ärgernis als solches blieb bestehen: Gleich drei konkurrierende Firmen nahmen den Marktführer in die Zange und drückten ihn langsam, aber sicher an die Wand.

Bis in Burts Fabriken buchstäblich die Lampen auszugehen drohten. Tatsächlich hatte er schon einige seiner Produktionsstätten schließen müssen; weitere »Sanierungsmaßnahmen« standen bevor, und wie es hieß, hatte er auch große Teile seines privaten Vermögens bereits wieder verloren. Mit den Konkurrenten lieferte er sich nach wie vor verbissene juristische Auseinandersetzungen, die sein Image in den Medien ruinierten. Für die Reporter war er, der vor wenigen Jahren noch bewunderte Tycoon, nur noch ein »dreister Goliath«, gegen den die Schar »mutiger Davids« zu Felde zog. **Drohende Pleite und ein miserables Image**

Wie ließ sich diese dramatische Wendung ins Negative erklären? Und vor allem: Was konnten wir noch dagegen tun?

Für mich lag auf der Hand, dass es sich hier um einen klassischen Fall von unternehmerischem Energie-Vampirismus handelte: Geschickt auf der Grenze zu offener Illegalität agierend, saugten Burts Konkurrenten in großem Stil Energie aus seinem Unternehmen ab – Energien in Form von Kapital, Image, Zuversicht und vor allem in Gestalt jenes plagiierten Ur- **Ein klassischer Fall von geschäftlichem Energie-Vampirismus**

patentes, bei dem es sich sinnigerweise um die Bau-
anleitung für eine »Energiesparlampe« handelte.

Auch für Energie- Der Verdacht drängte sich förmlich auf,
flüsse gilt: Von wie ich Burt erklärte, dass es irgendwo in
nichts kommt seinem Firmenimperium einen »Unheils-
nichts magneten« gebe, der die Energie-Vampire
in der Außenwelt angelockt habe. In groben Zügen
erläuterte ich ihm, der mir schweigend zuhörte,
mein spirituelles Energiekonzept. Irgendetwas oder
irgendjemand in seinem Unternehmen musste die
räuberischen Rivalen angelockt haben, denn auch
für energetische Naturgesetze gilt der Grundsatz:
Von nichts kommt nichts.

»Wenn Sie also«, erklärte ich, »von einer ganzen
Schar von Plagiatoren heimgesucht werden, liegt
aus energetischer Sicht die Vermutung nahe, dass
auch mit Ihren Eigentumsrechten an dem Lampen-
patent irgendetwas nicht in Ordnung ist.«

Erinnerung setzt Lange Zeit fixierte er mich mit versteinerter
den energeti- Miene. Ich hütete mich, ihn zu drängen. Zu
schen Ausgleich oft schon hatte ich beobachtet, wie Men-
in Gang schen sich an längst vergessene Vorfälle erinnern, und zu oft schon hatte ich festgestellt, dass
mit diesem Akt der Erinnerung bereits ein wesent-
licher Schritt zur Heilung, zum energetischen Ausgleich, getan ist. Ganz allmählich wich die Versteine-
rung aus seinem Gesicht. In seinen Zügen malte sich
nun kindliches Staunen; es sah aus, als horche er in
sich hinein, wo eine Stimme ihm Dinge zu sagen

schien, die überwältigende Schuldgefühle in ihm auslösten: Auf einmal stöhnte der Industriemagnat auf und vergrub sein Gesicht in beiden Händen.

Als er endlich wieder aufblickte, klang seine Stimme belegt. »Ich habe keine Ahnung«, sagte er, »wie Sie das wissen konnten, Dorothy. Schließlich habe ich selbst seit vielen Jahren nicht mehr ... Es ist für mich selbst fast unglaublich, aber ich habe nie mehr an ihn gedacht! Ich hatte ihn einfach aus meinem Gedächtnis gestrichen – dabei war *er* es ... er, ›George das Genie‹, wie wir ihn nannten ... Es war *seine* Erfindung!«, brach es schließlich aus Burt heraus. »O mein Gott, ich habe sie ihm damals ... nun, nicht direkt gestohlen, aber ich habe ihm seine wundervolle Erfindung für lumpige tausend Dollar abgekauft!«

Tausend Dollar für einen Geniestreich

Die Vorgeschichte, die ich nun erfuhr, war Folgende: Burt und jener George hatten zusammen Ingenieurwesen studiert. »George das Genie« war der auf ihrem technischen Gebiet weitaus Begabtere gewesen; doch Burt übertraf ihn ebenso sehr an Realitätssinn und Zielstrebigkeit. Da George ständig pleite war, konnte er froh sein, dass sein Freund ihm die Rechte an der Sparlampe für stolze tausend Dollar abkaufte. Während Burt Schritt um Schritt seine erste Fabrik aufbaute, taumelte George seinen Lebensweg entlang, der von weiteren genialen (wenn auch zunehmend kauzigen) Erfindungen, vor allem aber von eroberten Frauen

zweifelhafter Herkunft und geleerten Whiskyfla-
schen gesäumt war. Zehn Jahre darauf hatte Burt
seine ersten zehn Dollarmillionen verdient und
George längst aus den Augen verloren. Einmal war
der Freund aus alten Tagen, von Armut und Alkohol gezeichnet, noch in Burts Villa erschienen, und
der peinlich berührte Unternehmer hatte ihm weitere fünfhundert Dollar zugesteckt. Danach hatte
er »George das Genie« nie mehr gesehen und ihn
bald auch aus seiner Erinnerung getilgt.

Mit fremden Federn geschmückt Während der folgenden Jahre machte Burt
viele weitere Dollarmillionen und wurde im
ganzen Land als erfolgreicher Unternehmer bewundert. Diese Verehrung hatte er gewiss
auch verdient, und ebenso sicher hätte »George das
Genie« allein sein Patent nicht annähernd so ergie-
big vermarkten können wie sein gewiefter Freund.
Doch dass Burt sich in der Öffentlichkeit auch als
Erfinder der Stromsparlampe feiern ließ und vor
allem, dass er niemals versuchte, den verarmten
alten George ausfindig zu machen, um ihn an den
gewaltigen Geldströmen teilhaben zu lassen, ja,
dass er ihn stattdessen aus seinem Gedächtnis verdrängt und als »Energieleiche« in seinem Unterbewusstsein verscharrt hatte – das alles summierte
sich zum energetischen Unheil nicht nur für Burt
persönlich, sondern auch für sein Unternehmen,
das auf dem verdrängten Unrecht errichtet war wie
ein Gebäude auf sprichwörtlichem Sand.

Kein Wunder, dass es eines Tages ins Rut-   **Gleiches zieht**
schen geriet – und ebenso wenig verwun-   **Gleiches an**
derlich, dass ausgerechnet dreiste Plagiatoren des
Lampenpatents dafür sorgten, dass in Burts Unternehmen langsam, aber sicher die Lampen ausgin-
gen. Gleiches zieht Gleiches an – nach diesem Gesetz der energetischen Entsprechung hatte der
verdrängte Akt des Ideenraubs, auf dem Burts Im-
perium basierte, Energie-Vampire in Gestalt von
ebensolchen Ideenräubern angelockt.

»Und deshalb, Burt«, so beendete ich meine Diagnose, »können wir die Energie-Vampire, die Sie
und Ihr Unternehmen in die Zange genommen haben, nur auf eine Weise unschädlich machen: Sie
müssen ›George das Genie‹ aufspüren und angemessen für sein Patent bezahlen.«

»Wie viel?«, fragte er und sah mich flehentlich an.

»Bevor die Plagiatoren aufgetaucht sind«, erwider-
te ich, »besaßen Sie auf dem Markt für diese speziellen Stromsparlampen ein Monopol. Ihr Markt-
anteil betrug also hundert Prozent, richtig? Und wie
groß ist er heute? Wie viel haben Sie an die Konkurrenten verloren?«

»Vierzig Prozent.«

»Dann wissen Sie ja, in welcher Höhe Sie George –
oder seine Angehörigen, falls er selbst nicht mehr
lebt – an Ihrem Unternehmen beteiligen sollten.«

»Aber Sie ruinieren mich!«, schrie Burt auf. »Erst
diese räuberischen Konkurrenten, und jetzt soll ich

auch noch George ...« Er unterbrach sich und musterte mich in tiefem Erstaunen. »Sie meinen also, Dorothy – wenn ich George oder seine Leute angemessen beteilige, schaffe ich mir gleichzeitig diese Räuberbande von Plagiatoren vom Hals?«

Davon sei ich überzeugt, versicherte ich ihm.

Wiedersehen Der Rest der Geschichte ist schnell erzählt:
des ungleichen Es dauerte einige Wochen, bis Burt mit-
Freundespaares hilfe einer Detektivagentur »George das Genie« aufgespürt hatte. Der Freund aus alten Tagen hauste in einem heruntergekommenen Sozialblock am Rand einer berüchtigten Millionenstadt, und im Gegensatz zu dem kinderlosen Burt hatte der mittellose George nicht weniger als sieben Kinder in die Welt gesetzt.

Es kam zu einer feierlichen Versöhnung der so ungleichen Freunde. Auf Georges Wunsch hin erhielt er selbst nur einen winzigen Anteil an dem Lampenimperium, das ohne sein Genie nie entstanden wäre. Alle anderen Anteile wurden auf seine vier Exfrauen und seine sieben Kinder übertragen.

Der Tycoon Seit dieser Versöhnung von Burt und
schlägt zurück George sind acht Jahre vergangen, in denen Burt zum Erstaunen der Öffentlichkeit seine drei frechen Konkurrenten einen nach dem anderen niederrang. Sie alle wurden des Plagiats überführt, ihre Fabriken wurden geschlossen, und Burt eroberte den Markt für Sparstromlampen zurück. Seit Kurzem wird er übrigens durch Georges ältes-

ten Sohn unterstützt, der nach seinem Ingenieur-
studium in das Unternehmen eingetreten ist.
Wie mir Burt stolz versicherte, ist auch George jr.
ein Genie ...

So reinigen Sie das Gedächtnis Ihres Unternehmens von negativen Energien

Wie das obige Fallbeispiel zeigt, haben auch Unternehmen ein Gedächtnis, in dem Informationen über
energetische Ungleichgewichte und Blockaden gespeichert sind. Sofern ein Unternehmen noch von
seinem Gründer oder dessen Nachkommen geführt
oder seit langen Jahren von jemandem geleitet wird,
der sich dem Unternehmen tief verbunden fühlt,
bestehen auch starke energetische Verknüpfungen
zwischen diesem Individuum und dem betreffenden
Geschäft: Beider Bewusstsein und Unterbewusstsein, auch die Aura des Firmengründers und die
Aura seines Unternehmens (siehe unten) sind in
solchen Fällen teilweise eins.
Wie wir außerdem sahen, kann nicht nur das individuelle Unterbewusstsein, sondern auch das Gedächtnis eines Unternehmens verdrängten »Ener-
gieschrott« enthalten, der ebenso wie im Leben eines
Menschen als »Unheilsmagnet« negative Energien
in der Außenwelt anziehen kann. Kraft der energetischen Verbindung zwischen Firmengründer

und/oder -leiter und seinem (oder ihrem) Unternehmen besteht nun die Möglichkeit, durch Visualisierungsübungen auch das energetische Gedächtnis eines Gebildes wie einer geschäftlichen Unternehmung von negativen Energien zu reinigen.

Hierzu greifen wir wiederum auf das goldene Vlies zurück.

Übung: Energetische Unternehmensreinigung mit dem goldenen Vlies

Vorbereitung   Überlegen Sie sich, welches Symbol für Sie Ihr Unternehmen am besten repräsentiert. Das kann ein Firmenlogo sein oder auch ein anderes, weniger offizielles Zeichen; in jedem Fall sollte es sich um ein bildhaftes Signum handeln (nicht um Wörter oder Zahlen), welches das Unterbewusstsein anzusprechen vermag. Begeben Sie sich nun an einen Ort Ihrer Wahl, wo Sie bequem liegen können und ungestört sind. Legen Sie sich für diese Übung flach auf den Bauch, die Arme seitlich neben dem Körner ausgestreckt, die Beine leicht gespreizt.

Schließen Sie die Augen, und atmen Sie langsam und regelmäßig ein und aus, bis Sie spüren, dass Ihre körperlichen Spannungen sich lösen und Ihre Aufmerksamkeit sich Ihrer inneren Welt zukehrt.

Visualisierung   Imaginieren Sie mit Ihrem geistigen Auge jene Stätte, die Ihr persönlicher glückbringender Ort ist.

Im Zentrum dieser Stätte befindet sich ein *goldenes Vlies* – ein weiches Schaf- oder Widderfell mit Haaren aus Gold –, auf dem Sie ausgestreckt auf dem Bauch liegen, mit dem Kopf je nach Vorliebe auf der linken oder rechten Seite ruhend. Stellen Sie sich so intensiv wie möglich vor, dass Ihre Kleidung am gesamten Körper und Ihre Haut an den Stellen, die nicht durch Kleidung verhüllt sind, mit jenem bildhaften Zeichen bedeckt sind, das Ihr Unternehmen symbolisiert.

Fühlen Sie, wie weich und warm das goldene Vlies ist. Sehen Sie mit Ihrem geistigen Auge, wie intensiv golden das Vlies leuchtet. Erkennen Sie, dass Sie selbst die Verkörperung Ihres Unternehmens sind. Ihr Unterbewusstsein enthält alle Erinnerungen, die im Gedächtnis des Unternehmens gespeichert sind. Ihre Gefühle sind die Gefühle des energetischen Gebildes, das Sie gegründet haben und/oder seit langen Jahren leiten.

Spüren Sie nun, wie Sie immer tiefer in das goldene Vlies einsinken. Nehmen Sie wahr, dass das Vlies ganz und gar aus Strahlen, Licht und Wärme besteht. Sie sind das Unternehmen, dessen bildhaftes Zeichen Sie ganz und gar bedeckt. Ihr Körper und Ihr Kopf, die tiefer und tiefer in das leuchtende Energiefeld einsinken, sind der Körper und der Kopf des Unternehmens, dessen Symbol Sie tragen. Während Sie tiefer und tiefer einsinken, schwebt das Vlies langsam empor, ein großes, weiches, wärmendes Tuch aus schierer Energie.

Ihr Unterbe-wusstsein ist das Gedächtnis des Unternehmens Langsam dringen die warmen Strahlen in Sie ein, langsam schwebt das Tuch aufwärts, durch Sie hindurchgleitend, wobei es jede Zelle Ihres Körpers, jede Faser Ihres Wesens, jede Kammer Ihres Unterbewusstseins reinigt. Empfinden Sie wieder, dass Ihr Körper der Körper des Unternehmens, Ihr Unterbewusstsein das Gedächtnis des Unternehmens ist, dessen bildhaftes Zeichen Sie ganz und gar bedeckt.

Zuerst durchdringt das goldene Vlies Ihre äußerste Hautschicht – auf den Beinen, auf Brust und Bauch, den Armen, dem Hals, der Seite Ihres Gesichtes, mit der Sie in das Vlies eingesunken sind. Langsam schwebt das goldene Vlies weiter aufwärts, und wohlige Wärme durchströmt Sie, ein Gefühl von Lauterkeit und Liebe, während es immer weiter aufwärts schwebt.

Verdrängte Erinnerungen steigen auf Lauschen Sie währenddessen Ihren Erinnerungen, welche die Erinnerungen des Unternehmens sind. Werden in Ihnen verdrängte widrige Ereignisse lebendig, so verharren Sie ruhig einige Augenblicke bei ihnen. Spüren Sie den Schrecken oder die Verbissenheit von damals noch einmal, aber auch die Gelassenheit, mit der Sie heute sagen können: »Das alles habe ich letzten Endes doch gemeistert.« Oder auch: »Das muss noch bereinigt werden. Aber heute bin ich bereit und stark genug dazu.«

Von allen alten Bürden, allem Verdrängten, Überwundenen, allen alten Schatten und Schwächen reinigt das goldene Energievlies Ihr Unternehmen, indem es weiter und weiter aufwärts schwebt.

Nun schwebt das goldene Energievlies oben aus Ihrem Rücken und Ihrem Hinterkopf hervor und verharrt einen Moment über Ihrem liegenden Körper, der ganz und gar mit dem Symbol Ihres Unternehmens bedeckt ist. Sehen Sie die schwarzen Schlacken und dunklen Flecken, die das goldene Vlies aus dem Unterbewusstsein herausgefiltert hat. Dies alles sind negative Energien, von denen es Ihr Unternehmen gereinigt und befreit hat.

Von den Schlacken der Vergangenheit befreit

All diese dunklen Flecken nimmt das goldene Vlies mit sich, indem es weiter aufwärts schwebt, nun dem Himmel entgegen. In den unerschöpflichen Energiepools des Universums wird auch das goldene Vlies wieder gereinigt werden, und wann immer Sie es benötigen, wird es Ihnen in leuchtender Reinheit und mit reinigender Leuchtkraft zur Verfügung stehen.

Bleiben Sie noch eine Minute mit geschlossenen Augen liegen. Sagen Sie mehrmals laut oder im Stillen: *»Das Gedächtnis meines Unternehmens ist von allen alten Schlacken und Flecken gereinigt. In seinem Innern gibt es nur noch positive Energien. Es ist rein und frei.«*

Ausklang und Wiederholung

Öffnen Sie nun die Augen, atmen Sie tiefer ein und aus und kehren langsam in Ihren gewöhnlichen Bewusstseinszustand zurück. Wiederholen Sie diese Übung so häufig, wie es Ihnen intuitiv notwendig erscheint.

Umsetzung in der Realität   Wenn Ihnen durch diese Übung verdrängte Missstände oder widrige Ereignisse bewusst geworden sind, so kann es erforderlich sein, diese auch in der äußeren Wirklichkeit zu klären. Sollte Ihnen also klar geworden sein, dass in Ihrem Unternehmen etwa die Energieströme ungleichmäßig verteilt sind, dass jemand ausgebootet wurde, dem das Unternehmen viel verdankt, dass einer Abteilung oder einer Person die Wertschätzung oder materielle Zuwendung versagt bleibt, die sie aufgrund ihres Anteils am Energieumsatz verdient hätte, so sollten Sie diese energetischen Ungleichgewichte ungesäumt beheben. Der Erfolg wird so wenig ausbleiben wie im oben geschilderten Beispiel des Lampenfabrikanten Burt.

Pflegen und stärken Sie die Aura Ihres Unternehmens

Ebenso wichtig wie die Aufarbeitung und Entsorgung von »Energieleichen« im Innern des Unternehmens ist eine intakte, gestärkte und gepflegte Aura, mit der das Unternehmen sich gegenüber der Außenwelt abgrenzt und präsentiert. Die Aura kann aber nur so stark und intakt sein wie das Unternehmen, das sie umhüllt. Wer also Auren zu sehen versteht, kann aus ihnen die wahre »Corporate Identity« der betreffenden Unternehmen ablesen – oder eben das Gegenteil: Zerrissenheit, Uneinigkeit, Zerfall.

Gehen wir hier wieder von dem verbreiteten Fall aus, dass eine einzelne Person als Gründer und/oder als langjähriger Leiter des Unternehmens dieses in hohem Maße verkörpert. Das trifft sicherlich auf Freelancer, Handwerker oder andere Selbstständige mit kleinen Betrieben (keine oder wenige Angestellte) zu. Aber in nicht wenigen Fällen vermögen charismatische Einzelne auch weitaus größere Firmengebilde, ja selbst weltumspannende Konzerne mit Milliardenumsätzen zu verkörpern: Aufgrund einer tiefen Verbundenheit und engen energetischen Verflechtung sind die Auren des Individuums und des Unternehmens weitgehend eins.

Für Sie als Unternehmer bedeutet dies zunächst, dass Sie auch für Schutz und Stärkung Ihrer Firma viel tun können, wenn Sie einfach Ihre persönliche Aura regelmäßig reinigen, stärken und wappnen.

1. Stärkung der Aura in der Säule aus **Empfohlene**
Licht (siehe Seite 75 ff.) **Reihenfolge**

2. Reinigung der Aura (siehe Seite 82 ff.) **der Übungen**

3. Reinigung des Unterbewusstseins mit dem goldenen Vlies (siehe Seite 143 ff.)

4. Reinigung des Unternehmensgedächtnisses mit dem goldenen Vlies (siehe Seite 216 ff.)

5. die folgende Übung

Übung zur Übertragung des persönlichen Auraschutzes

Vorbereitung: Begeben Sie sich an einen ruhigen Ort, an
Dies alles dem Sie nicht gestört werden können. Das
bist du Licht sollte gedämpft, jegliche Lärmquellen
sollten ausgeschaltet sein. Setzen oder legen Sie sich
bequem hin, und schließen Sie die Augen. Atmen Sie
langsam und regelmäßig ein und aus, bis Sie spüren,
dass Ihre körperlichen Spannungen sich lösen und
Ihre Aufmerksamkeit sich Ihrer inneren Welt zukehrt.
Machen Sie sich bewusst, dass Ihre gestärkte und
vitalisierte Aura Sie als farbiges Feld aus pulsierender
Energie umgibt. Sehen Sie sich Ihre Aura mit Ihrem
geistigen Auge genau an, betasten Sie sie mit Ihren
geistigen Händen: Ihre Aura liegt eng an Ihrem Körper an wie ein maßgeschneiderter Anzug aus purem
Licht.

Ein Beispiel   Imaginieren Sie mit Ihrem geistigen Auge,
dass die verschiedenen Bereiche oder Abteilungen
Ihres Unternehmens verschiedenen Partien Ihres Körpers entsprechen. Zum Beispiel könnten bei einem
Möbelhaus die Speditionsabteilung durch Beine und
Füße verkörpert sein, die Produktion durch Oberkörper, Arme und Hände, die Geschäftsführung durch
Herz und Kopf und so fort. Stellen Sie sich diese Entsprechungen zwischen den Arbeitsbereichen Ihres
Unternehmens und Ihren Körperteilen möglichst ein-
dringlich vor.

Nehmen Sie nun abermals Ihre gekräftigte und vitalisierte Aura bewusst wahr: Sie umschließt Ihren Kopf und Körper, die zugleich Teile Ihres Unternehmens verkörpern. Und so wie Ihre physische Gestalt eine körperliche, geistige und energetische Einheit bildet, so fügen sich auch alle Bereiche Ihres Unternehmens zu einer organischen Einheit, in der die Energien ungehemmt und zweckmäßig in alle Teile des Ganzen strömen.

Atmen Sie nun tiefer ein und aus, und füh-   **Visualisierung** len Sie, wie Ihre Aura sich mit jedem Einatmen ausdehnt und mit jedem Ausatmen zusammenzieht. Ihre Aura ist wie eine zweite, feinstoffliche Haut, die sich eng um Sie schmiegt, die Sie prickelnd auf sich fühlen.

Lenken Sie Ihre Aufmerksamkeit auf Ihre unteren Körperpartien bzw. auf den durch diese verkörperten Bereich Ihres Unternehmens. Spüren Sie, wie kraftvoll und schützend Ihre Aura diese Bereiche umhüllt.

Sagen Sie mehrmals laut oder im Stillen: **Erste** *»XX [= Kennzeichnung des verkörperten Un-*   **Affirmation** *ternehmensbereichs] gehört zu meinem Unternehmen, wie meine Beine und Füße zu meinem Körper gehören. Meine Aura umhüllt und schützt XX so kraftvoll, wie sie auch meine Beine und Füße umschließt.«*

Lenken Sie Ihre Aufmerksamkeit sodann auf die nächste Körperpartie, die in Ihrer Visualisierung einen Unternehmensbereich verkörpert. Sprechen Sie die obige Affirmation in entsprechend abgewandelter Form.

Wiederholen Sie diese Schritte so lange, bis Sie bei Ihrem Kopf bzw. bei der Leitung Ihres Unternehmens angekommen sind.

Wenn Sie Ihr Unternehmen noch stärker schützen wollen, beobachten Sie abschließend die Außenfläche Ihrer Aura bzw. der Aura Ihres Unternehmens und sehen zu, wie diese glasklare Fläche allmählich kristallisiert – wie Wasser, das langsam zu Eis gefriert. Ihre Aura ist nun so durchsichtig wie zuvor, aber niemand kann sie mehr ohne Ihr Einverständnis durchdringen: Sie befinden sich in einem unzerstörbaren Oval aus Lichtkristall.

Zweite Affirmation   Sagen Sie mehrmals laut oder im Stillen: *»Meine Aura umhüllt mich und alle Bereiche meines Unternehmens. Einzig positive Energien dringen durch diesen Schutzschild durch.«*

Ausklang und Wiederholung   Bleiben Sie noch einige Minuten mit geschlossenen Augen liegen, und empfinden Sie so intensiv wie möglich, dass Sie selbst Ihr Unternehmen verkörpern, dass dieses ebenso wie Sie selbst ein integrales Ganzes bildet und dass Sie und Ihr Unternehmen von Ihrer schützenden Aura umschlossen sind.

Öffnen Sie sodann die Augen, und kehren Sie langsam in die äußere Wirklichkeit zurück.

VIERTER TEIL

Psychischer Schutz im Privatleben

In diesem vierten Buchteil möchte ich auf zwei wichtige Aspekte eingehen: Auch in unserer Freizeit sind wir – etwa als Konsumenten oder in unserem Bekanntenkreis – potenziellen Angriffen von Energie-Vampiren ausgesetzt. Doch gerade im privaten Lebensbereich haben wir es (unter Umständen weitaus eher als am Arbeitsplatz) selbst in der Hand, durch bewusste Lebensweise unsere Aura zu stärken und das Risiko der Konfrontation mit Energieräubern zu vermindern.

Lernen Sie also in den folgenden Kapiteln,

* sich vor Energie-Vampiren im gesellschaftlichen Raum zu schützen (zu denen ich beispielsweise tyrannische Verkäufer, aufdringliche Meinungsforscher, aggressive »Drücker« oder jene Sorte Zeitgenossen zähle, die uns partout ihre religiösen oder weltanschaulichen Überzeugungen aufzudrängen versuchen),

* Ihre privaten Beziehungen zu Familienangehörigen, Freunden und Bekannten so zu gestalten, dass sie von einem Grundgefühl wechselseitigen Respektes und altruistischer Liebe getragen sind (statt von untergründigen Energiekämpfen ständig erschüttert zu werden),

* Ihre Partnerbeziehung so umzuändern, dass zwischen Ihnen und Ihrem Lebensgefährten energetische Harmonie herrscht (oder erforderlichenfalls eine Beziehung zu einem »Liebesvampir« zu

beenden, wenn dieser zu keinen grundlegenden Änderungen der partnerschaftlichen Energieflüsse und -strukturen bereit oder imstande ist),

◆ Rahmenbedingungen und Details Ihrer Lebensführung wo immer nötig so zu verändern, dass negative Energien möglichst von Ihnen ferngehalten werden (hierfür kann es ratsam sein, gewisse Ernährungstorheiten aufzugeben, sich von einigen Medienkonsumgewohnheiten zu verabschieden und möglicherweise auch den einen oder anderen Menschen am Rand Ihres Lebensweges zurückzulassen).

11 Geben Sie den Energie-Vampiren auch in Ihrer Freizeit keine Chance

Manche Menschen scheinen zudringliche Zeitgenossen regelrecht anzuziehen. Ob tyrannische Verkäufer oder skrupellose Versicherungsvertreter, aggressive Abonnentenwerber oder Sektenprediger mit Welterlösungstick – sie alle stürzen sich so zielsicher auf ihre Opfer wie Stechmücken, die unter Hunderten Menschen unfehlbar diejenigen finden, deren »süßes Blut« ihnen besonders behagt. Womit aber lässt sich erklären, dass einige Menschen »zum Opfer disponiert« zu sein scheinen, wie die heutige Psychologie das Phänomen umschreibt?

Wodurch wird man »zum Opfer disponiert«?

Nach Lektüre der bisherigen Kapitel werden sich meine Leser nicht mehr wundern, wenn ich vorschlage, das Problem aus der Perspektive meines spirituellen Konzeptes anzugehen: In praktisch allen oben genannten Fällen würden wir bei genauerer Untersuchung feststellen, dass die Opfer von Energie-Vampiren attackiert wurden. Darüber hinaus würde sich durchweg zeigen, dass ihnen lediglich

Opfer sind weniger passiv, als man gemeinhin glaubt

das widerfahren ist, was sie aufgrund unterbe-
wusster Einstellungen erwartet hatten. Von gewissen »Unheilsmagneten« im Innern der Opfer angezogen, eilen die Energieräuber herbei – woraus wir
unter anderem schließen müssen, dass bei Übergriffen dieser Art weder die Opfer so *passiv* noch die
Aggressoren so *aktiv* zu sein pflegen, wie man dies
gemeinhin vermutet.

Beiden ist vielmehr ein Mangel an Bewusstheit gemeinsam; denn in der Regel dürfte weder der einen
noch der anderen Seite klar sein, dass es sich bei
der vermeintlichen »Verkaufsverhandlung« oder
dem »Beratungsgespräch« des Versicherungsver-
treters um *Energiekämpfe* handelt.

So schützen Sie sich vor suggestiver Werbung und tyrannischen Verkäufern

Immer raffinierter spielt die Konsumentenwerbung
für Waren und Dienstleistungen aller Art mit unserer Imagination und unseren Gefühlen. Werbung
stimuliert unser Verlangen, bestimmte Dinge zu besitzen, um »dazuzugehören«, unser Image aufzu-
bessern oder das Selbstbewusstsein zu stärken. Zugleich spielt die Werbung auf der Klaviatur unserer
Ängste – Angst vor Isolation und Außenseitertum,
vor Blamage, Minderwertigkeit und sozialer Deklas-
sierung; oder auch vor Alter und Tod, die wir mit-

hilfe gewisser Konsumartikel zwar nicht überwinden, aber doch immer wieder verdrängen können.

So sorgt die unablässig strömende Reizflut der Werbung dafür, dass unser Unterbewusstsein weiter und weiter mit Wünschen und Ängsten angefüllt wird. Diese locken dann ihre energetischen Entsprechungen in der Außenwelt an bzw. ziehen uns selbst, die ferngesteuerten Konsumenten, wie an Schnüren zu den betreffenden Konsumgegenständen hin. **Verkaufsgespräche sind oftmals verkappte Energiekämpfe**

Der Verkäufer, der uns unter dem Deckmäntelchen der »Beratung« zum Kauf drängt, ist im Grunde nur eine Verkörperung unserer inneren Stimme, die ohnehin seit Langem wispert: *»Kauf das XY-Ding, dann werden dich alle bewundern!«* Und sofern diese betörende Verheißung wider Erwarten noch nicht ausreicht, um uns zum Kauf zu überreden, spielt unsere innere Stimme, verstärkt und nach außen projiziert in Gestalt des Verkäufers, nach dem Wunsch- eben noch den Angsttrumpf aus: *»Wenn du das XY-Ding nicht kaufst, werden alle denken, dass du es dir nicht leisten kannst!«* **Eine Anspielung auf »mangelnde Kaufkraft« genügt**

Spätestens nach dieser Drohung (meist genügt eine Anspielung auf die möglicherweise »mangelnde Kaufkraft« des Kunden) pflegt in den meisten Verkaufsgesprächen der Widerstand des Konsumenten zusammenzubrechen: Wieder schlägt der Vampir seine Zähne in die Kehle seines Opfers, um diesem eine berauschende Dosis Energie zu rauben, in diesem Fall symbolisiert als Geld.

Sieben Regeln zum psychischen Selbstschutz in der Konsumwelt Aus diesen Überlegungen und Erfahrungen lassen sich sieben Regeln zum angemessenen Verhalten als Konsumenten bzw. in der Konsumwelt ableiten:

Werbung meiden oder ignorieren 1. Reduzieren Sie Ihren passiven Konsum von Werbung so weit wie möglich. Lassen Sie sich nicht »berieseln«: Sehen oder hören Sie sich im Fernsehen oder Radio möglichst keine Sendungen an, die durch Werbung unterbrochen werden, und schalten Sie sofort ab, wenn ein »Werbeblock« beginnt. Überblättern Sie Werbung in den Printmedien, und ignorieren Sie Reklametafeln etc. auf den Straßen.

Regelmäßiges Clearing des Unterbewusstseins 2. Führen Sie regelmäßig die Übungen zum Clearing Ihres Unterbewusstseins durch (siehe Seite 144 und 149), und achten Sie besonders darauf, Ihr Inneres auch von Wunschbildern zu reinigen, die Ihnen durch Konsumwerbung eingeflößt worden sind.

Regelmäßige Aurareinigung und -stärkung 3. Führen Sie regelmäßig die Übungen zur Reinigung und Stärkung Ihrer Aura durch (siehe Seite 75 ff. und 82 ff.), und achten Sie bei der Aurareinigung darauf, auch den energetischen Unrat zu entfernen, mit dem Werbung, Reklame und Verkaufsgeschrei Ihre Aura befleckt haben.

4. Zügeln Sie Ihre Vorstellungskraft, und   Imagination
gewöhnen Sie sich an, Wunschbilder von   kontrollieren
Konsumgegenständen, die in Ihrem Unterbewusstsein entstehen, bewusst zu zerstören. Visualisieren
Sie beispielsweise, dass das betreffende Wunsch-
bild durch einen Lichthammer zerschmettert oder
mit einer Strahlenpistole durchlöchert wird.

5. Wenn Sie sich über ein Produkt infor-   Aus seriösen
mieren möchten, konsultieren Sie geeig-   Quellen
nete Quellen, z. B. Testberichte seriöser   informieren
Zeitschriften oder Warentestinstitute, und bilden
Sie sich ein eigenes Urteil, bevor Sie sich an eine
Verkaufsstelle wenden.

6. Führen Sie vor einem Verkaufsgespräch   Aurawappnung
mehrfach die Übungen zur Aurastärkung   vor dem Ver-
und -wappnung (siehe Seite 92 ff.) sowie   kaufsgespräch
die Übungen zum Reinigen und Schließen der
Chakras (siehe Seite 129 f. und 131 ff.) durch.

7. Erlauben Sie bei Verkaufsverhandlun-   Achtung vor
gen *niemals* einem Verkäufer (oder Versi-   Gefühlsmani-
cherungsvertreter etc.), auf der Klaviatur   pulation im
von Wunsch und Angst zu spielen. Fährt er   Verkaufs-
oder sie dennoch fort in dem Versuch,   gespräch
Ihr Verlangen, Ihr Schuldgefühl o. Ä. zu wecken, so
brechen Sie die Verhandlung freundlich, aber uner-
bittlich ab.

So schützen Sie sich vor aufdringlichen Zeitgenossen, die Ihnen Zeit und Nerven rauben wollen

Nicht anders als Abonnentenwerber oder sonstige Hausierer haben auch Heilsprediger oder Meinungsforscher meist einen sicheren Blick für das geeignete Opfer. Scheinbar kann man ihnen zugutehalten, dass sie es zumindest nicht auf unser Geld abgesehen haben. Aber so wie unser Geld ein Symbol der Energien ist, über die wir aktuell verfügen, so sind auch die Zeit und die Nerven, die es kostet, uns mit messianischen Heilspredigern oder aufdringlichen Meinungsbefragern auseinanderzusetzen, letztlich Aspekte unserer Lebenskraft, die wir besser nicht sinnlos vergeuden.

Falls Sie zu den Menschen gehören, auf die sich solche lästigen Zeitgenossen mit Vorliebe stürzen, haben sicher auch Sie sich schon einmal gefragt:

♦ Wie kann ich verhindern, dass diese verhärmten Leute, die an Straßenecken immer ihre Erlösungsbroschüren in die Höhe halten, just *mir* unbedingt erklären wollen, warum demnächst die Welt untergeht?

♦ Wie kann ich erreichen, dass diese smarten jungen Leute, die in den Fußgängerzonen zeitraubende Meinungsumfragen zu den albernsten Themen durchführen, nicht immer ausgerechnet *mich* mit ihrem künstlichen Lächeln und ihren lästigen Fragebögen behelligen?

• Oder wie kann ich unterbinden, dass im Freundeskreis oder in der Familie sich andauernd irgendwer bemüßigt fühlt, ausgerechnet *meine* Überzeugungen und Entscheidungen infrage zu stellen?

Warum ziehen die einen Menschen solche aufdringlichen Fragesteller und Weltverbesserer an, während andere vollkommen unbehelligt bleiben? Die Antwort dürfte Ihnen mittlerweile leichtfallen: Etwas *in* ihnen lockt die menschlichen Plagegeister herbei, wie das sprichwörtliche Licht Motten anzieht. Wobei dieses energetische Etwas sich in den hier zur Debatte stehenden Fällen als *Mangel an Bewusstheit und Selbstbewusstsein* konkretisieren lässt.

Mangelndes Selbstbewusstsein lockt Energie-Vampire an

Anders gesagt: Wenn jemand den Eindruck vermittelt, über kein starkes Ich mit gefestigten Überzeugungen zu verfügen, so zieht er eben dadurch ganze Schwärme jener Menschen an, die ihren Lebenssinn darin finden, andere Leute von ihren persönlichen (politischen, religiösen, weltanschaulichen) Ansichten zu überzeugen. Und wenn jemand den Anschein erweckt, sich sehr viel stärker von anderer Leute Meinungen als von seinem inneren Kompass leiten zu lassen, so bietet er sich als ideales Opfer all jener Meinungs-, Produkt- und Zeitgeistforscher an, deren Auftraggeber ja von der verbreiteten, aus innerer Orientierungslosigkeit entspringenden Konsumsucht so prächtig leben.

Wenn Sie zu denjenigen Menschen gehören, die häufiger von zudringlichen Zeitgenossen dieser Kategorien in die Zange genommen werden, dann werden Sie mir zustimmen, wenn ich sage: Solche Leute kosten nicht nur Zeit und Nerven; sie rauben uns auch dadurch Energie, dass sie einseitig unsere Aufmerksamkeit erzwingen. Auf diese Weise stellen sie einen Einbahn-Energiefluss her, der von uns in ihre Richtung strömt. Sie berauschen sich an unserer Zuwendung und an der Macht, die sie dadurch über uns ausüben. Und während sie vorgehen (und wahrscheinlich auch selbst glauben), beispielsweise von ihrer selbstlosen Nächstenliebe zu sprechen, berauben sie uns – ihren aktuell tatsächlich »Nächsten« – ganz und gar lieblos unserer Lebensenergie!

Fünf Regeln zum Schutz vor »vampiristischen Überzeugungstätern«

Was können wir tun, um uns vor energetischen Blutsaugern dieser unerfreulichen Klasse zu schützen? Hier meine fünf goldenen Regeln, gewonnen aus langjähriger Praxis als spirituelle Energie- und Lebensberaterin:

Die eigenen Themen finden

1. Machen Sie sich bewusst, welche Themen Ihnen wirklich wichtig und welche für Sie weniger bedeutsam oder unwichtig sind. Informieren Sie sich durch vertrauenswürdige

Quellen über die Fragen, die Ihnen am Herzen liegen, und denken Sie selbst in Ruhe darüber nach.

2. Gewöhnen Sie sich an, über existenzielle Sinnfragen zu meditieren. Für die wirklich wichtigen Probleme sind wir alle »Experten«, unabhängig von unserer Bildung: Die Ihnen persönlich angemessenen Antworten finden Sie in Ihnen selbst.

Über existenzielle Fragen meditieren

3. Führen Sie regelmäßig die Übungen zum Clearing Ihres Unterbewusstseins (siehe Seite 144 ff. und 149 ff.) und zur Reinigung und Stärkung Ihrer Aura (siehe Seite 75 ff. und 82 ff.) durch. Versäumen Sie nicht, nach der Meditation und anderen Energieübungen Ihre Chakras zu schließen (siehe Seite 131 ff.).

Regelmäßige spirituelle Reinigung und Stärkung

4. Äußern Sie sich gegenüber Dritten nur zu Themen, zu denen Sie eine eigene Meinung haben. Vertreten Sie diese Meinung jedoch entschieden, wenn auch freundlich. Etwaige Versuche, Sie zu »bekehren«, werden dann rasch aufhören oder gar nicht erst unternommen werden: Wer keine Signale der Orientierungslosigkeit bzw. (was mehr oder minder das Gleiche ist) der »Konsumorientierung« aussendet, lockt auch weder Weltverbesserer noch Produkt- und Meinungsforscher an.

Die eigene Meinung vertreten

5. Gestalten Sie auch Ihren Freundes- und Bekanntenkreis bewusst im Hinblick auf Ihre spirituelle Orientierung. Brechen Sie erforderlichenfalls den Kontakt zu sol-

Bewusste Auswahl von Freunden und Bekannten

chen Menschen ab, die Sie nur immer wieder in energieraubende Auseinandersetzungen verwickeln oder von denen gar negative Energien ausgehen.

12 Bewahren Sie Ihre Familie vor Energie-Vampirismus

Unter Schutz vor Energie-Vampirismus verstehe ich hier durchaus beide Seiten der Medaille: Wenn Sie Mutter oder Vater sind, sollten Sie nicht nur alles in Ihrer Macht Stehende tun, um Ihre Kinder vor Energieräubern zu beschützen, sondern auch mit allen Kräften zu verhindern trachten, dass Ihre Kinder selbst um die benötigte Lebensenergie kämpfen müssen.

In den letzten Jahren ist es glücklicherweise gelungen, unsere Gesellschaft für die abscheulichen Übergriffe zu sensibilisieren, die unter dem juristischen Begriff »sexueller Kindesmissbrauch« zusammengefasst werden. Der *energetische* Missbrauch von Kindern beginnt jedoch weit vorher. Da die Aura von kleinen Kindern erst gering entwickelt ist, vermag sie diese zarten Individuen vor »energetischen Remplern« auch nur höchst unzulänglich zu schützen.

Elterliche Liebe ist die kindliche Quelle der Lebensenergie

Schon wer Kinder wie kleine Dummköpfe behandelt, sich auf ihre Kosten amüsiert, um sich stark

Keine Chance dem energetischen Kindesmissbrauch und klug zu fühlen, macht sich daher eines gewaltsamen Übergriffs schuldig. Das gilt erst recht für jenen leider noch immer weit verbreiteten Typus des erwachsenen »Erziehers«, der seine Macht missbraucht, indem er Kinder einschüchtert, belügt, ignoriert oder mit »Liebesentzug« bestraft. Dies alles sind Maßnahmen, die Kinder dazu zwingen, um die für ihr Überleben nötige Energie zu kämpfen. Denn elterliche Zuwendung ist Lebensenergie.

Vernachlässigte Kinder sind potenzielle Energie-Vampire Gerade kleine Kinder verfügen noch über keinen anderen Zugang zur benötigten Lebensenergie als die Schleuse der elterlichen Aufmerksamkeit und Liebe. Versiegt diese Quelle, oder wird sie aus anderen Gründen unzugänglich, so bleibt den Kindern nichts anderes übrig, als mit allen für sie verfügbaren Mitteln Zuwendung zu erpressen und zu erlisten, zu rauben und zu stehlen. Vernachlässigte Kinder sind potenzielle Energie-Vampire.

Fallbeispiel: Ein Energie-Vampir namens Sarah

Untergewicht und Drogenexperimente Sarah V. war 17 Jahre alt, als ihre verzweifelte Mutter Eve mit ihr in meiner Praxis für spirituelle Energie- und Lebensberatung erschien. Als kleines Mädchen war Sarah ein aufgewecktes, intelligentes und sensibles Kind gewesen; doch später war sie in der Schule weder mit den Leistungsanforderungen noch mit ihren Mitschülern zurechtgekommen. Sie war stets eine Außenseiterin geblieben, in sich gekehrt und mehr und mehr verschlossen. Seit Beginn ihrer Pubertät war Sarah überdies stark untergewichtig (nicht weit von Magersucht entfernt).

Zum Entsetzen ihrer Mutter hatte sie un- **Ohne jeden**
gefähr mit 14 verschiedene Drogen aus- **Lebensmut**
probiert, und dass sie von den Aufputsch- und Betäubungsmitteln knapp zwei Jahre darauf wieder abgekommen war, bedeutete nicht, dass sie auf einen konstruktiven Pfad zurückgefunden hätte: In den vergangenen zwei Jahren hatte Sarah nicht weniger als viermal versucht, sich das Leben zu nehmen. Auch ihr letzter Suizidversuch war nur durch einen Zufall rechtzeitig bemerkt worden, und er lag erst wenige Wochen zurück, als die beiden mich zum ersten Mal aufsuchten. Nach einer frustrierenden Serie vergeblicher Therapieversuche durch Psychoanalytiker, Gestalt- und weitere Therapeuten bezeichnete Eve mich als »ihre letzte Hoffnung«, während Sarah es zunächst vorzog, in mürrischem Schweigen durch mich hindurchzusehen.

Ihr Vater Steve, erfuhr ich, hatte die kleine **Das väterliche**
Familie (weitere Kinder gab es nicht) ver- **Vorbild**
lassen, als Sarah fünf war. Während ihrer ersten drei Jahre hatten das Ehe- und Familienleben recht

gut funktioniert, doch dann hatte Steve eine andere Frau namens Kate kennengelernt.

»Er war oberflächlich und anstrengend«, sagte Eve mit einer Distanz, die auch zwölf Jahre nach der Scheidung angestrengt wirkte. »Ständig kaufte er sich irgendwelche Dinge und verlangte, dass ich mich für seine Hobbys und modischen Verrücktheiten begeisterte. Als ich ihm nach Jahren endlich vorschlug, sich auch einmal für meine bescheidenen Vorlieben zu interessieren, bekamen wir zum ersten Mal Streit.«

Nicht lange darauf fand Steve in jener Kate eine aufopferndere Zuhörerin und Gefährtin und beschloss, Eve und die kleine Sarah zu verlassen, um künftig mit Kate zusammenzuleben. Zu Eves Verblüffung, die bald schon schierem Entsetzen wich, begann Sarah, kaum war Frank aus der gemeinsamen Wohnung ausgezogen, die tyrannischen Verhaltensweisen ihres Vaters nachzuahmen. In herrischem Ton forderte sie ihre Mutter auf, ihr ständig neue, kostspielige Spielzeuge zu kaufen und ihre ganze Aufmerksamkeit unablässig ihr zu widmen. Andauernd musste Eve sie trösten, anhören, aufmuntern und bei Tag und Nacht jedes Spiel mit ihr spielen, das die Kleine sich gerade in den Kopf gesetzt hatte. »Wenn du nicht tust, was ich dir sage«, erklärte sie Eve eines Abends ohne den Anflug eines Lächelns, »gehe ich weg von dir und lass dich allein.«

Unglücklicherweise missverstand die er- **Panik nach**
schöpfte und überforderte Eve diese kind- **gescheiterter**
liche Strategie als »entscheidende Heraus- **Energie-**
forderung und Machtprobe«. Ohne ein **erpressung**
Wort der Antwort wandte sie sich um, verließ ihrerseits die Wohnung und kehrte erst Stunden später
zurück. Zu dieser Zeit war es bereits tiefe Nacht und
sie fand eine bleiche Sarah vor, die in ihrem Kinder-
zimmer wie versteinert auf dem Boden saß und
überhaupt nicht reagierte, als Eve eintrat.

Nachdem ich diese Einzelheiten von Eve **Das Trauma**
erfahren hatte, lag für mich eine erste **des Liebes-**
Diagnose nahe: Bereits in jungen Jahren **entzugs**
hatte Sarah die entscheidenden negativen Erfahrungen gemacht, die einen Menschen zum Energie-Vampir werden lassen:

◆ Sie hatte nie erlebt, dass die Angehörigen der
Familie einander in harmonischem Gleichgewicht
Zuwendung, Aufmerksamkeit, Liebe schenkten.
◆ Sie hatte nie erfahren, dass es andere Orientie-
rungsmöglichkeiten als die »Konsumorientierung«
und »modischen Verrücktheiten« ihres Vaters gab.
◆ Stattdessen hatte sich ihr tief eingeprägt, dass
die anscheinend einzige Möglichkeit, Lebensenergie
zu erhalten, darin bestand, die Zuwendung eines
anderen Menschen zu *erpressen*.

Mit dieser Strategie auch noch gescheitert zu sein, versetzte die kleine Sarah begreiflicherweise in Panik: Auf welche Weise sonst, wenn nicht durch Drohung und Erpressung (die Methode des Vaters), konnte sie sich künftig die lebensnotwendige Energie verschaffen?

Auch Drogen sind Energien – allerdings zerstörerische Bis zu dem Tag, da Mutter und Tochter erstmals in meiner Praxis erschienen, hatte Sarah keine zufriedenstellende Antwort auf diese Frage gefunden. Mit der tyrannischen Methode, die ihr als kleinem Kind beigebracht worden war, hatte sie weiterhin versucht, sowohl die Zuwendung ihrer Mutter als auch die von Mitschülern und Lehrern zu erzwingen. Da sie die düstere Ahnung verdrängte, diesen Zwang nicht wirklich ausüben zu können, sondern letztlich auf die Gnade der anderen angewiesen zu sein, wurde sie mehr und mehr depressiv.

»Liebe mich – oder ich töte mich!« Dieser »Unheilsmagnet« in ihrem Inneren war es auch, der Sarah im Alter von 14 in die destruktive Gesellschaft von Kokainschnupfern und Trinkern brachte. Schnaps und Pulver der Süchtigen wurden für sie einerseits zu einer leicht verfügbaren Energiequelle (aus der allerdings nur negative Energien sprudelten), andererseits zu einem wirkungsvollen Mittel, um doch noch Eves Zuwendung zu erpressen: »Schenke mir deine Liebe«, sagte sie damit gleichsam, »sonst trinke oder kokse ich mich zu Tode.«

Mehr und mehr in den Bann der negativen Energien geratend, fand sie schließlich das ultimative Mittel, um sowohl Eve zu erpressen als auch ihr eigenes Energieproblem ein für alle Mal zu lösen: das halb kalkulierte, halb tödlich ernste Spiel mit dem Suizid.

Sicher werden Sie mir glauben, dass es für mich harte und langwierige Arbeit bedeutete, Sarah auf ihren spirituellen Weg zu geleiten und gemeinsam mit ihr die ersten **Der spirituelle Weg zu energetischer Autonomie** Schritte auf diesem für sie neuen Pfad zu gehen. Zunächst musste ich ihr Vertrauen in mein Konzept der »sanften Energieerzeugung« gewinnen. Das gelang mir glücklicherweise bereits bei unserer ersten Begegnung (eine zweite Chance hätte ich wohl kaum bekommen): Wie damals am Rand von Mexico City, als ich mich aus der Gewalt jener Jugendbande befreite, bediente ich mich der »energetischen Luxusmethode« (siehe Seite 97 ff.): Ich rief in mir die Vorstellung und Empfindung hervor, Sarah von Herzen, selbstlos und aufrichtig zu lieben, und lenkte den Fluss meiner Energien auf das Mädchen, das so mit einer Zuwendung überrumpelt wurde, die es verzweifelter als alles andere auf der Welt suchte und mit der es gleichwohl nie und nimmer gerechnet hätte: Eine prickelnde Woge schierer Energie überflutete sie.

Nachdem ich sie auf diese Weise davon überzeugt hatte, dass ich durchaus einen Weg kannte, um sie

Energiezufuhr   von ihrem existenziellen Grundproblem
für Mutter und   zu befreien, brachte ich sie als Nächstes
Tochter   dazu, mein Programm zum Aufbau von
Energie durch Meditation und Körperarbeit zu absolvieren. Es folgten die Programme zur Reinigung
des Unterbewusstseins sowie zur Aurareinigung
und -stärkung (siehe Seite 143 ff., 75 ff., 82 ff.).

Parallel dazu ließ ich Sarahs Mutter gleichfalls
meine Hilfe angedeihen: Auch die energetisch aus-
gelaugte Eve lernte als Erstes, ihren Energielevel
zu erhöhen und zu stabilisieren. Als Zweites zeigte
ich ihr, wie sie sich fortan vor energievampiristischen Übergriffen seitens ihrer Tochter schützen
konnte, indem sie ihre Aura stärkte, wappnete und
lernte, gezielt ihre Chakras zu schließen (siehe Seite 131 ff.). Hierdurch verhinderte ich, dass die beiden in ihr altes Vampir-Opfer-Muster zurückfielen,
und bestärkte Sarah darin, auf dem spirituellen
Weg zu energetischer Autonomie voranzuschrei-
ten.

Naturgemäß kam es unterwegs mehr als einmal zu
Krisen und frustrierenden Rückschlägen. Doch
umso tiefere Freude und Dankbarkeit empfand ich,
als Sarah Monate darauf zu mir sagte:

»Ich habe es geschafft, Dorothy. Ohne dich wäre ich
vertrocknet wie ein Wanderer in der Wüste. Ich
danke dir.« Nach diesen Worten lächelte sie mich
warm und liebevoll an, und diesmal war ich es, die
spüren durfte, wie eine prickelnde Energiewoge

mich überschwemmte. Kein Zweifel, Sarah hatte ihre Lektion gelernt ...

Fünf Regeln zur spirituellen Erziehung Ihres Kindes

Aufgrund meiner langjährigen Erfahrung als spirituelle Energie- und Lebensberaterin habe ich hier einige Regeln zur spirituellen Kindererziehung zusammengestellt. Wenn Sie diese Regeln beherzigen – und dafür sorgen, dass auch andere Bezugspersonen Ihrer Kinder sie möglichst getreu umsetzen –, schützen Sie Ihre Kinder in zweifachem Sinn vor Energie-Vampirismus: vor dem Zwang, ihrerseits um Lebensenergie kämpfen zu müssen, und vor der ebenso trostlosen Rolle des Opfers von Energie-Vampiren.

1. *Fördern Sie die natürliche sensitive Begabung Ihres Kindes.* **Erste Erziehungsregel**

In seinen ersten Erdenjahren ist praktisch jedes Kind noch medial begabt. Diese Veranlagung, Auren sehen oder Gefühle und Gedanken anderer »lesen« zu können, verliert sich meist erst um das sechste, siebte Lebensjahr – und zwar nur dann, wenn sie ignoriert oder unterdrückt wird. Ermutigen Sie Ihr Kind also, wenn es sogenannte übersinnliche Erfahrungen schildert, nachspielt oder malt, und bekräftigen Sie, dass Sie selbst an die Wirklichkeit dieser Erfahrungsdimension glauben.

Zweite Erziehungsregel

2. Machen Sie Meditation und Körperarbeit, Visualisierungsübungen und Rituale zur Verbindung mit dem Höheren Selbst zu selbstverständlichen Bestandteilen des familiären Lebens.

Führen Sie auf diese Weise, an seine natürliche Sensitivität anknüpfend, Ihr Kind in jeweils altersgemäßen Schritten an das spirituelle Konzept der universellen Energie und der Aura mit ihren vier Dimensionen heran.

Dritte Erziehungsregel

3. Schenken Sie Ihrem Kind, besonders in seinen ersten Lebensjahren, so viel Zuwendung und folglich Lebensenergie, wie Sie irgend erübrigen können.

Denken Sie so oft wie möglich mit einem Gefühl tiefer und aufrichtiger Liebe an Ihr Kind. Entwickeln Sie aber in Ihrem Kind auch umgekehrt das Gespür und die Bereitschaft dafür, andere Menschen durch Aufmerksamkeit und Wertschätzung, also durch Zuwendung von Lebensenergie, zu stärken.

Vierte Erziehungsregel

4. Leiten Sie alle Erziehungsmaximen von der zentralen Überlegung ab, wodurch das Energieniveau Ihres Kindes erhöht, seine Aura ge-

stärkt und seine spirituelle Entwicklung gefördert wird.

Was unter diesen Gesichtspunkten schädlich oder nutzlos ist, sollten Sie Ihrem Kind möglichst ersparen; was in der genannten Hinsicht günstig ist, sollte auch im Leben Ihres Kindes eine Rolle spielen. Schädlich sind in spiritueller Perspektive beispielsweise Fleischverzehr (der die Sensitivität betäubt) und planloser Medienkonsum (der unser Bewusst- und Unterbewusstsein mit desorientierenden, auf die physische Welt fixierenden Wunschbildern überschwemmt). Günstig ist alles, was den Aufbau von Energien und eine ganzheitliche Entwicklung fördert, also körperliche Bewegung ebenso wie kreative Spiele oder die Pflege musischer Begabungen.

5. *Dehnen Sie besonders in seinen ersten Lebensjahren regelmäßig Ihren Aura-schutz auf Ihr Kind aus.* **Fünfte Erziehungsregel**

Wie Sie dies bewerkstelligen können, erfahren Sie in den folgenden Abschnitten.

Übung: Dehnen Sie Ihren Auraschutz auf Ihr Kind aus

Begeben Sie Sich an einen ruhigen Ort, an dem Sie nicht gestört werden können. Das Licht sollte gedämpft, jegliche Lärmquellen sollten ausgeschaltet **Vorbereitung** sein. Setzen oder legen Sie sich bequem hin, und schließen Sie die Augen. Atmen Sie langsam und regelmäßig ein und aus, bis Sie spüren, dass Ihre körperlichen Spannungen sich lösen und Ihre Aufmerksamkeit sich Ihrer inneren Welt zukehrt.

Imaginieren Sie vor Ihrem geistigen Auge, dass Ihr Kind sich dicht bei Ihnen befindet (auf Ihrem Arm oder neben Ihnen liegend).

Machen Sie Sich bewusst, dass Ihre Aura Sie und Ihr Kind als farbiges Feld aus pulsierender Energie umgibt. Sehen Sie sich Ihre Aura mit Ihrem geistigen Auge genau an, betasten Sie sie mit Ihren geistigen Händen: Ihre Aura umschließt Sie und Ihr Kind wie eine elastische Hülle aus purem Licht.

Visualisierung: Atmen Sie nun tiefer ein und aus, und fühlen
Aura aufblasen Sie, wie Ihre Aura sich mit jedem Atemzug ausdehnt. Bei jedem Ausatmen bläht sie sich weiter und weiter auf wie ein Ballon, den Sie mit Ihrer Atemluft füllen.

Fühlen Sie, wie Ihre Aura an Umfang gewinnt, und sehen Sie, wie sie ihre Form verändert, je weiter sie sich von der Kontur Ihres Körpers und des Körpers Ihres Kindes entfernt.

Atmen Sie so lange Luft in Ihre Aura hinein, bis sie die Form eines großen Eis angenommen hat. Sie und Ihr Kind befinden sich nun im Innern eines großen Ovals aus weißem Licht.

Affirmation Sagen Sie mehrfach laut oder im Stillen:
»Mein Kind und ich sind gegen jeden psychischen An-

griff gewappnet – einzig positive Energien dringen durch unseren Schutzschild ein.«

Wiederholen Sie diese Affirmation so lange, bis Sie vollkommen sicher sind, dass Ihr energetischer Schutzschild Sie und Ihr Kind zuverlässig beschirmt.

Vielleicht empfinden Sie das Bedürfnis, Ihr Kind und sich selbst noch stärker zu wappnen. In diesem Fall beobachten Sie die Außenfläche Ihrer Aura und sehen zu, wie diese glasklare Fläche allmählich kristallisiert – wie Wasser, das langsam zu Eis gefriert. Ihre Aura ist nun so durchsichtig wie zuvor, aber niemand kann sie mehr ohne Ihr Einverständnis durchdringen: Ihr Kind und Sie befinden sich in einem unzerstörbaren Oval aus Lichtkristall.

Reinigungs- und Bannritual: Bewahren Sie Ihr Heim vor Energie-Vampiren

In ähnlicher Weise, wie wir unseren Auraschutz auf unser Unternehmen ausdehnen (siehe Seite 222 ff.) oder einen geistigen Schutzraum errichten können (siehe Seite 164 ff.), vermögen wir auch das Heim unserer Familie gegen energievampiristische Übergriffe zu sichern. Das im Folgenden geschilderte Ritual dient zur symbolischen Reinigung Ihres Hauses von negativen Energien und dazu, sich des Beistands der positiven Energien zu vergewissern.

Durch die symbolische Säuberung ist Ihr Heim automatisch für Energie-Vampire tabu: Da es nach dem Clearing keine negativen Energien mehr enthält, können diese auch keine Energieräuber mehr anziehen.

Ein Ritual für die ganze Familie Führen Sie als Elternpaar dieses Ritual möglichst gemeinsam mit Ihren Kindern durch: So fördert es zugleich Harmonie und Zusammenhalt in Ihrer Familie. Kinder lassen sich leicht für bildhafte Vorgänge und symbolische Verrichtungen begeistern und begreifen deren tiefere Bedeutung intuitiv.

Das Ritual kann beim Einzug in ein neues Heim durchgeführt werden, ebenso gut aber auch später, wenn man ein Haus, in dem man seit Längerem wohnt, nachträglich von negativen Energien reinigen und gegen Energieräuber wappnen möchte.

Vorbereitung Für das Bann- und Reinigungsritual benötigen Sie wiederum symbolische Repräsentationen der fünf magischen Elemente:

Symbolische Repräsentation
* eine Schale mit Salz oder Brotkrumen, die das Element Erde repräsentieren,

* eine Schale mit Wasser, um das magische Element Wasser zu symbolisieren,

* eine weiße Wachskerze, um das Element Feuer darzustellen,

* eine Schale mit Räucherwerk, um das Element Luft zu repräsentieren,

* eine gläserne Kugel, die den Geist repräsentiert.

Achten Sie darauf, je nach Größe Ihres Hauses und Anzahl der Räume nicht zu kleine Schalen mit Salz, Wasser oder Räucherwerk und keine zu kleine Kerze zu wählen.

Lassen Sie sich für die Vorbereitung dieses Rituals Zeit. Sprechen Sie mit Ihren Kindern über die einzelnen magischen Elemente, ihre Macht und Bedeutung. Für den Fall, dass Ihre Familie aus insgesamt fünf Personen besteht (Eltern und drei Kinder oder eine andere Konstellation), empfiehlt es sich sehr, jedes der fünf magischen Elemente durch ein Familienmitglied »verkörpern« zu lassen.

Besprechung und Verteilung der Rollen

Sprechen Sie in diesem Fall mit Ihren Kindern vorher über die Verteilung der Rollen: Wer aus der Familie ist (aufgrund seines Charakters, ihres Temperamentes, spezieller Vorlieben etc.) besonders geeignet, das Element Erde zu verkörpern? Wer ist zur Verkörperung von Wasser, Feuer etc. prädestiniert? Die höheren Elemente Luft und Geist sollten normalerweise von den Eltern (bzw., falls zur Familie gehörig, auch von einem Großelternteil) verkörpert werden, sodass es in der Praxis darum gehen wird, die Rollen der Elemente Erde, Wasser und Feuer unter den Kindern zu verteilen:

Welches Element passt zu welchem Kind?	◆ Schlagen Sie einem besonders gut »geerdeten«, in sich ruhenden, naturverbundenen Kind vor, das Element Erde zu repräsentieren.

◆ Beauftragen Sie ein besonders mitfühlendes, liebevolles, träumerisches Kind, das Element Wasser zu verkörpern.

◆ Bitten Sie ein besonders willensstarkes, kämpferisches Kind, die Rolle des Elementes Feuer zu übernehmen.

◆ Übertragen Sie die Rolle des Elementes Luft auf dasjenige erwachsene Familienmitglied, dessen Denken und Handeln durch besondere Rationalität und verstandesmäßige Bewusstheit geprägt sind (wenn diese Charakterisierung auf Sie zutrifft, übernehmen Sie die Rolle selbst).

◆ Übertragen Sie die Rolle des Elementes Geist auf dasjenige erwachsene Familienmitglied, dessen Handeln, Denken und Fühlen durch besondere Spiritualität geprägt sind (wenn diese Charakterisierung auf Sie zutrifft übernehmen Sie die Rolle selbst).

Bei dem Ritual selbst wird es darum gehen, dass die Verkörperungen aller fünf Elemente in einer Reihenfolge, die vorher besprochen worden ist, das gesamte Haus begehen, um jeden Raum symbolisch zu reinigen.

Falls Ihre Familie aus mehr als fünf Mitgliedern besteht, sollte der Familienrat vorher festlegen, welche

Personen welche Elemente verkörpern werden; die restlichen Angehörigen nehmen still und konzentriert an dem Ritual teil. Sollte Ihre Familie aus weniger als fünf Mitgliedern bestehen, müssten Sie sich darauf verständigen, wer welche zusätzliche Rolle übernimmt.

Bei der folgenden Beschreibung gehe ich der Einfachheit halber davon aus, dass es sich um fünf Familienmitglieder handelt.

Begeben Sie sich alle fünf vor die Tür Ihres Hauses, das Sie mit dem Ritual von energetischen Verschmutzungen reinigen möchten. Jedes der fünf Familienmitglieder hält die symbolische Darstellung des Elementes, das er oder sie verkörpert, in der rechten Hand. Stellen Sie sich in der Form eines Kreuzes vor der Haustür auf, wie in Abbildung 6 gezeigt. **Das Kreuz der Elemente**

Als Erstes betritt nun dasjenige Familienmitglied, das Erde verkörpert, das Haus, gefolgt von den anderen, wobei darauf zu achten ist, **Anrufung des Elementes Erde** dass die Kreuzformation eingehalten wird. Begeben Sie sich in den ersten Raum, der rituell gereinigt werden soll, schließen Sie alle fünf die Augen, und atmen Sie fünfmal tief und regelmäßig ein und aus.

Sodann sagen die Verkörperungen der Elemente Wasser, Feuer, Luft und Geist laut und feierlich: *»Element Erde, wir erbitten deinen Beistand für diesen Raum.«* Nun öffnen alle die Augen. Mit langsamen, feierlichen Schritten geht die Verkörperung von Erde im Uhrzeigersinn den äußeren Rand des Raumes ab, der durch

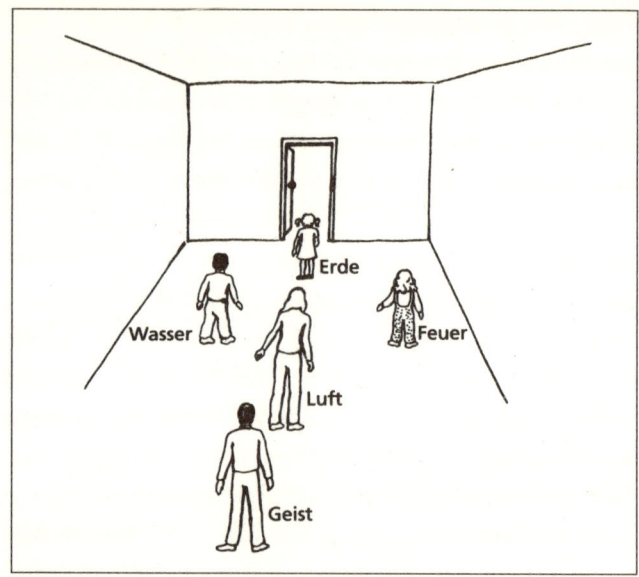

Abbildung 6: Kreuzförmige Anordnung der magischen Elemente und ihrer Verkörperungen beim Bann- und Reinigungsritual

das magische Element geschützt werden soll. Während sie die Schale mit der symbolischen Erde in der rechten und verstreut mit der linken Hand in regelmäßigen Abständen fünfmal ein wenig von dem Element Erde auf der Grenze des betreffenden Raumes.

Die Verkörperungen der vier anderen Elemente bleiben währenddessen reglos stehen und sagen jedes Mal, während das Element Erde verstreut wird: »*Das Element Erde schützt und reinigt diesen Raum.*«

Nachdem die Verkörperung des Elementes ihren Kreis vollendet hat, kehrt sie an ihren Platz in der Kreuzformation zurück. Daraufhin sagen die Verkörperungen der anderen vier Elemente laut und feierlich: *»Element Erde, wir danken dir für Schutz und Reinigung dieses Raumes.«*

Danach schließen Sie alle fünf wieder die Augen und atmen fünfmal tief und regelmäßig ein und aus.

Sodann sagen die Verkörperungen der Elemente Erde, Feuer, Luft und Geist laut und feierlich: *»Element Wasser, wir erbitten deinen Beistand für diesen Raum.«*

Anrufung des Elementes Wasser

Nun öffnen alle wieder die Augen. Mit langsamen, feierlichen Schritten geht die Verkörperung von Wasser im Uhrzeigersinn den äußeren Rand des Raumes ab, der durch das magische Element geschützt werden soll. Währenddessen hält sie die Schale mit dem symbolischen Wasser in der rechten und versprengt mit der linken Hand in regelmäßigen Abständen fünfmal einige Tropfen Wasser auf der Grenze des betreffenden Raumes.

Die Verkörperungen der vier anderen Elemente bleiben währenddessen reglos stehen und sagen jedes Mal, während das Element Wasser versprengt wird: *»Das Element Wasser schützt und reinigt diesen Raum.«*

Nachdem die Verkörperung des Elementes ihren Kreis vollendet hat, kehrt sie an ihren Platz in der Kreuzformation zurück. Daraufhin sagen die Verkörperungen der anderen vier Elemente laut und feierlich: *»Element Wasser, wir danken dir für Schutz und Reinigung dieses Raumes.«*

Danach schließen Sie alle fünf wieder die Augen und atmen fünfmal tief und regelmäßig ein und aus.

Anrufung des Elementes Feuer   Als Nächstes sagen die Verkörperungen der Elemente Erde, Wasser, Luft und Geist laut und feierlich: *»Element Feuer, wir erbitten deinen Beistand für diesen Raum.«*

Nun öffnen alle wieder die Augen, und die Verkörperung des Elementes Feuer zündet die weiße Wachskerze mit den bereitgehaltenen Zündhölzern an. Mit langsamen, feierlichen Schritten geht die Verkörperung von Feuer im Uhrzeigersinn den äußeren Rand des Raumes ab, der durch das magische Element geschützt werden soll. Währenddessen schwenkt sie die brennende Kerze mit der rechten Hand fünfmal in regelmäßigen Abständen, sodass einige Funken auf die Grenze des betreffenden Raumes stieben.

Die Verkörperungen der vier anderen Elemente bleiben währenddessen reglos stehen und sagen jedes Mal, während die Funken des Elementes Feuer stieben: *»Das Element Feuer schützt und reinigt diesen Raum.«*

Nachdem die Verkörperung des Elementes ihren Kreis vollendet hat, kehrt sie an ihren Platz in der Kreuzformation zurück (die Kerze wird nicht ausgelöscht). Daraufhin sagen die Verkörperungen der anderen vier Elemente laut und feierlich: *»Element*

Feuer, wir danken dir für Schutz und Reinigung dieses Raumes.«

Danach schließen Sie alle fünf wieder die Augen und atmen fünfmal tief und regelmäßig ein und aus.

Als Nächstes sagen die Verkörperungen der Elemente Erde, Wasser, Feuer und Geist laut und feierlich: *»Element Luft, wir erbitten deinen Beistand für diesen Raum.«*

Anrufung des Elementes Luft

Nun öffnen alle wieder die Augen, und die Verkörperung des Elementes Luft zündet das Räucherwerk, das sie mit der rechten Hand in der Schale trägt, mit den bereitgehaltenen Zündhölzern an. Mit langsamen, feierlichen Schritten geht die Verkörperung von Luft im Uhrzeigersinn den äußeren Rand des Raumes ab, der durch das magische Element geschützt werden soll. Währenddessen schwenkt sie die Schale mit dem Räucherwerk mit der rechten Hand fünfmal in regelmäßigen Abständen, sodass einige Rauchschwaden auf die Grenze des betreffenden Raumes wehen.

Die Verkörperungen der vier anderen Elemente bleiben währenddessen reglos stehen und sagen jedes Mal, während die Rauchschwaden des Elementes Luft aufwallen: *»Das Element Luft schützt und reinigt diesen Raum.«*

Nachdem die Verkörperung des Elementes ihren Kreis vollendet hat, kehrt sie an ihren Platz in der Kreuzformation zurück (das Räucherwerk wird nicht ausgelöscht). Daraufhin sagen die Verkörperungen der anderen vier Elemente laut und feierlich: *»Element Luft,* *wir danken dir für Schutz und Reinigung dieses Raumes.«*

Danach schließen Sie alle fünf wieder die Augen und atmen fünfmal tief und regelmäßig ein und aus.

Anrufung des magischen Geistes   Als Letztes sagen die Verkörperungen der Elemente Erde, Wasser, Feuer und Luft laut und feierlich: *»Element Geist, wir erbitten deinen Beistand für diesen Raum.«*

Nun öffnen alle wieder die Augen, und die Verkörperung des Elementes Geist hebt den rechten Arm bis in Höhe ihres Kopfes, sodass alle die gläserne Kugel auf ihrer offenen Handfläche sehen können. Mit langsamen, feierlichen Schritten geht die Verkörperung von Geist im Uhrzeigersinn den äußeren Rand des Raumes ab, der durch das magische Element geschützt werden soll. Währenddessen hebt sie die rechte Hand mit der gläsernen Kugel fünfmal in regelmäßigen Abständen so hoch wie irgend möglich in die Höhe, wobei die Verkörperungen der vier anderen Elemente jedes Mal laut und feierlich sagen:

»Seht, wie der Geist leuchtet. Seht, wie die strahlende Kugel sich ausdehnt, wie sie den gesamten Raum mit ihrer Energie erfüllt. Spürt die Wärme und Reinheit des Geistes, der den gesamten Raum mit positiver Energie erfüllt.«

Nachdem die Verkörperung des Elementes ihren Kreis vollendet hat, kehrt sie an ihren Platz in der Kreuzformation zurück, wo sie die Hand mit der gläsernen Kugel wieder bis in Brusthöhe herunternimmt. Daraufhin

sagen die Verkörperungen der anderen vier Elemente laut und feierlich: *»Element Geist, wir danken dir für Schutz und Reinigung dieses Raumes.«*
Danach schließen Sie alle fünf wieder die Augen und atmen fünfmal tief und regelmäßig ein und aus.

Führen Sie dieses Bann- und Reinigungsritual nacheinander für jeden Raum ihres **Ausklang und Wiederholung** Heims durch, der von energetischen Verunreinigungen gesäubert werden soll.

Begeben Sie sich zum Abschluss des Rituals zu Ihrem Ausgangspunkt an der Haustür zurück. Achten Sie darauf, weiterhin Ihre Kreuzformation zu wahren. Heben Sie alle fünf ihre rechten Arme mit den symbolischen Repräsentationen der verkörperten Elemente, und sagen Sie mit Nachdruck: *»Unser Heim ist nun gereinigt und sicher. Nur positive Energien können in es eindringen.«*
Eine Wiederholung des Bannrituals ist normalerweise erst dann erforderlich, wenn Sie in ein neues Heim umziehen sollten.

13 »Der Vampir an meiner Seite« – Schutz vor Energiekämpfen in Liebe und Ehe

In den voranstehenden Kapiteln haben wir das heikle Thema verschiedentlich schon gestreift: Was können Sie tun, wenn Ihnen klar wird, dass es sich bei dem Menschen an Ihrer Seite um einen veritablen Energie-Vampir handelt? Solche Verbindungen sind viel häufiger, als manche vermuten mögen. Kein Wunder: Nichts bringt uns so zuverlässig in den Genuss der Lebensenergie eines anderen Menschen als dessen *Liebe*, durch die wir mit seiner Energie förmlich überflutet werden.

Die drei Grundtypen des Beziehungsvampirs

Im Wesentlichen kann man auf dem Gebiet des Beziehungsvampirismus drei Grundtypen unterscheiden:
- den charismatischen Liebeswilderer
- den heimischen Langzeitschmarotzer
- den mitleidheischenden Energiebettler

Der charis-   Er ist meist männlichen (zuweilen aber
matische Liebes-   auch weiblichen) Geschlechts und von
wilderer   jenem Typus, der Frauen schwach werden
lässt: Schon sein Blick ist bohrend wie ein Vampir-
zahn, und sein Charisma ähnelt einer Druckwelle,
die das auserwählte Opfer buchstäblich umwirft.
Kein Wunder, dass den so verwegen Umworbenen
schwindlig wird: Das Sausen in ihren Ohren ist das
Geräusch, mit dem ihre Lebensenergie zu ihm hi-
nüberfließt.

Im erotischen   Selbst wenn sie ahnen, dass sie einem
Würgegriff   Energie-Vampir in die Falle gegangen ist,
fühlen sie sich doch schon zu schwach, um Gegen-
wehr zu leisten: Nicht selten lassen sich Opfer derart charismatischer Wilderer über Wochen und
Monate von ihren gierigen Liebhabern energetisch
aussaugen, und meist finden nicht sie selbst die
Kraft, sich aus dem erotischen Würgegriff zu befreien: Oft lässt der Vampir von ihnen ab, um sich
ein energetisch weniger ausgezehrtes Opfer zu suchen, oder es erbarmt sich endlich ein Freund oder
Familienangehöriger und vertreibt den Wilderer
aus dem Energiegehege, in dem er wie der Fuchs im
Hühnerstall gewütet hat.

Der heimische   Dieser Typus des Beziehungsvampirs kann
Langzeit-   ebenso gut weiblichen wie männlichen
schmarotzer   Geschlechts sein. Anders als der charismatische Wilderer ist er nicht auf blitzartige Überwäl-

tigung und vollkommenes Aussaugen seines Opfers aus. Vielmehr zieht er eine dauerhafte Verbindung mit seinem Opfer vor, um in heimischer Stille unbehelligt von dessen Energie zu schlürfen. Während der Energiewilderer einem Exzesstrinker ähnelt, gehört der Langzeitschmarotzer zu den unauffälligen Gewohnheitstrinkern, die den Vollrausch meiden und die Quelle ihrer Labsal schonen, damit sie ihnen desto länger dient.

Die Leiden der Opfer solcher häuslichen Vampire dauern daher meist viele Jahrzehnte – nicht selten ein ganzes eheliches Erwachsenenleben – an. Typischerweise ist der heimische Langzeitschmarotzer von verschlossenem und tyrannischem Charakter, zu Selbstmitleid neigend und meist von mürrischem oder depressivem Temperament. So ertrotzt er die Zuwendung des Lebenspartners, der oder die sich im unablässigen Aufpäppeln und Aufmuntern, Trösten und Abbitten regelrecht verzehrt. So kraftlos der häusliche Vampir in Abwesenheit seines Energiequells auf andere wirkt und sich selber auch vorkommt, so sehr blüht er auf, glänzt und brilliert, sowie er seine Vampirzähne endlich wieder in die energetische Halsschlagader seines Opfers schlagen kann.

Langjähriges Leiden der Opfer

Wenn in einer langjährigen Ehe, in der die Partner miteinander alt geworden sind, der eine kurz nach dem Tod des anderen gleichfalls stirbt, muss die Ursache nicht unbedingt ein »gebrochenes Herz«

sein: Manch ein heimischer Langzeitschmarotzer verscheidet wenig nach dem Tod seines »Lebensquells«, weil er ohne diesen energetisch verschmachtet.

Der mitleid-heischende Energiebettler   Gewiss ist es nicht meine Absicht, kranke Menschen herabzusetzen oder zu diskriminieren. Dennoch kann ich nicht umhin, vor den Gefahren des Energie-Vampirismus zu warnen, die durch – vor allem chronische – Erkrankungen für Beziehungspartner entstehen können. Denn wenn in einer Partnerschaft einer gesund, einer (schwer) krank ist, so besteht zwischen beiden ein mehr oder minder krasses energetisches Ungleichgewicht.

Kraft für zwei hat auf Dauer niemand   Über einen gewissen Zeitraum kann und sollte der gesunde Partner natürlich versuchen, »Kraft für zwei« aufzubringen. Doch wenn einer der beiden Partner chronisch krank ist – oder übrigens auch, wenn zwischen beiden ein großer Altersunterschied von zwanzig Jahren und mehr besteht –, so wird der gesunde Partner über kurz oder lang überfordert, energetisch ausgezehrt werden, seinerseits erkranken und beispielsweise einen nervlichen Zusammenbruch erleiden.

Wenn beide sich dieser Gefahr bewusst sind, und wenn sie es gar noch gewöhnt sind, durch spirituelle Techniken (Meditation, Yoga, Körperarbeit) und angemessene Ernährung (siehe Kapitel 14) Energie aufzubauen, werden sie normalerweise imstande sein, auch mit den energetischen Problemen, die eine langwierige Krankheit aufwirft, umzugehen. Die Gefahr, dass sich der Erkrankte – bewusst oder unbewusst – als Energie-Vampir an seinem Partner vergeht, ist in solchen Fällen gering: Ihm selbst bleiben, wenngleich eingeschränkt, die bewährten Möglichkeiten, aus eigener Kraft Energie zu generieren, und der gesunde Partner wird aufgrund seines entwickelten spirituellen Bewusstseins weitaus eher als andere imstande sein, selbst über einen längeren Zeitraum den Erkrankten mit Teilen seiner Energie zu versorgen.

Problematisch wird die Sache jedoch, wenn die Partner in einer solchen Beziehung sich der Gefahren nicht bewusst sind. Dann wird der Erkrankte beinahe unvermeidlich versuchen, seinen sinkenden Energielevel auf Kosten des Partners zu erhöhen, und dieser wird sich fast ebenso unweigerlich zu einer energetischen »Solidaritätsabgabe« erpressen lassen, die auf Dauer auch seine eigene Vitalität untergräbt. In vielen Fällen, vor allem bei diffusen Krankheitsbildern (Hypochondrie, manchen Arten von Kopfschmerzen und depressiver Verstimmung o. Ä.) ohne klare somatische Manifestation, ist die Erkrankung ohnehin nur Ausdruck des Energiedefizits, an dem der Partner leidet: Unter der mit-

Viele Krankheiten sind Ausdruck eines Energiedefizits

leidvollen Zuwendung des anderen verschwinden
oder mindern sich die Krankheitssymptome oft
scheinbar wundersam – um jedoch nach Versiegen
des energetischen Lebensquells umso dramati-
scher zurückzukehren.

Die meisten   Die Waffe, mit welcher der Energieräuber
Energiedeals   seinen Forderungen Nachdruck verleiht,
laufen unbe-   ist meist die Mitleidstour, also die Erpres-
wusst ab   sung von Mitgefühl. Die Währung, in welcher der andere seine suggerierte Schuld begleicht,
ist die Aufopferung seiner selbst – und die Tatsache, dass all diese energetischen Deals in der Beziehung weitgehend unbewusst ablaufen, macht es
für die Betroffenen gewiss nicht leichter, die zu-
grunde liegenden Strukturen zu durchschauen.

So zähmen Sie den Energie-Vampir an Ihrer Seite

Energiekämpfe aller drei hier skizzierten Typen sind
im Grunde für beide Partner wenig ersprießlich.
Weshalb sie den Opfern nicht dienlich sind, liegt auf
der Hand; doch auch die Energieräuber können mit
ihrer Lage letztlich nicht zufrieden sein: Ob charismatische Liebeswilderer, heimische Langzeitschmarotzer oder mitleidheischende Energiebettler – stets bleiben sie abhängig von ihren in den
Partner ausgelagerten Energiequellen, die sie nie

gänzlich kontrollieren und ohne die sie nur eingeschränkt – oder überhaupt nicht – existieren können. Was also vermögen wir zu tun, um uns aus
der schwindelerregenden Umklammerung durch
einen Beziehungsvampir zu befreien?

Sollten Sie eines Tages erkennen, dass Ihr Partner
Sie energetisch ausbeutet, so stellen sich natürlich
einige grundlegende Fragen:

1. Lieben Sie den »Vampir an Ihrer Seite« **Fragen an**
trotzdem immer noch? **Opfer von**

2. Wollen Sie die Partnerschaft aufgeben? **Beziehungs-**

3. Oder wollen Sie versuchen, die Bezie- **vampiren**
hung so grundlegend umzuwandeln, dass energetische Raubzüge Ihres Partners überflüssig werden?

4. Wenn ja, wird auch Ihr Partner bereit und imstande sein, seine bisherigen vampiristischen Verhaltensweisen zu überwinden?

Drei Regeln zum Schutz vor Beziehungsvampirismus

Wer die obige Frage Nummer eins mit »nein« beantwortet, braucht sich für die weiteren Punkte
wohl kaum mehr persönlich zu interessieren. Wer
jedoch feststellt, dass er sich von seinem »geliebten
Energiesauger« trotz erlittener Blessuren und er-

kannter Risiken nicht trennen kann oder mag, dem
steht mit dem Versuch einer Zähmung des Vampirs
ein Abenteuer besonderer Art bevor.

Angenommen also, Sie und Ihr Partner hätten be-
schlossen, trotz allem beisammenzubleiben und
Ihre Beziehung grundlegend zu verändern, so sollten Sie die drei folgenden Regeln unbedingt beachten.

**Erste Energie-
regel gegen
Beziehungs-
vampirismus**

1. *Keiner der beiden Partner darf von der
Energie des anderen dauerhaft abhängig
sein.*

Diese Regel besagt nicht, dass Sie einander
nicht mehr stützen und beistehen sollten. Sie bedeutet aber, dass in einer Beziehung unter *normalen* Umständen jeder Partner imstande sein muss,
auf eigenen Füßen zu stehen.

**Praktische
Empfehlungen**

◆ Beide Partner sollten sich regelmäßig in
spirituellen Techniken zur Energiegewin-
nung üben.

◆ Wenn Sie anfangs noch an der »energetischen
Ehrlichkeit« Ihres Ex-Vampirs zweifeln, zögern Sie
nicht, sich zur Meditation und zur Ausübung anderer spiritueller Praktiken in Ihren geistigen Schutzraum zurückzuziehen.

◆ Bestehen Sie erforderlichenfalls darauf, dass Ihr
Partner alles in seiner Macht Stehende unter-
nimmt, um sein eigenes Energielevel zu erhöhen,
und alles unterlässt, was ihn energetisch schwä-

chen könnte. Zu Letzterem zählt beispielsweise der Verzicht auf fleischhaltige Nahrung sowie auf Drogen aller Art.

◆ Diffuse gesundheitliche Beschwerden verschwinden in vielen Fällen, nachdem es gelungen ist, das Energieniveau dauerhaft zu erhöhen.

◆ Sofern Ihr Partner gleichwohl aus gesundheitlichen Gründen auf energetische Transferleistungen seitens anderer Menschen angewiesen bleibt, sollten Sie ihm Ihre Unterstützung sicher nicht versagen. Sorgen Sie jedoch dafür, dass er diese Energiezufuhr auch von anderer als Ihrer Seite (Freunden, Angehörigen, professionellen Helfern) erhält. Sie allein wären als »Energietankstelle« auf Dauer zweifellos überfordert.

2. *Zwischen den Partnern muss energetisches Gleichgewicht herrschen.* Zweite Energieregel gegen Beziehungsvampirismus

In beinahe jeder Beziehung verfügt der eine über – ein wenig oder deutlich – mehr Energie oder Vitalität als der andere. Mit »energetischem Gleichgewicht« meine ich jedoch keine statische Gleichheit, sondern dynamische Harmonie: Wenn zwei Menschen ihre stärksten Begabungen und vitalsten Interessen und Bedürfnisse in einer Beziehung entwickeln und ausdrücken können, dann liegt die energetische Dominanz nie dauerhaft in den Händen eines Partners, sondern wechselt ständig zwischen den beiden – je nachdem, welcher Aspekt der gemeinsamen Möglichkeiten und Interessen gerade im Vordergrund steht.

Praktische Empfehlungen

- Versuchen Sie sich durch meditative Versenkung darüber klar zu werden, worin Ihre stärksten Begabungen und vitalsten Bedürfnisse bestehen.

- Meditieren Sie über der Frage, worin für Sie die stärksten Begabungen und vitalsten Interessen Ihres Partners bestehen.

- Befragen Sie sich in der Meditation, was Sie in diesem Leben von Ihrer Beziehung und von Ihrem Partner erwarten.

- Bitten Sie Ihren Partner, ebenso zu verfahren, und tauschen Sie sich mit ihm oder ihr anschließend intensiv und regelmäßig aus. Hierdurch bauen Sie allmählich ein tieferes wechselseitiges Verständnis der jeweiligen Stärken, Erwartungen und Möglichkeiten auf.

- Sofern Ihr Partner aus gesundheitlichen Gründen dauerhaft weniger Energie als Sie selbst generiert, besteht die Gefahr, dass Sie beide sich auf seinem niedrigeren Energielevel einpegeln. Um dem entgegenzuwirken, achten Sie darauf, neben Ihrer Partnerschaft freundschaftliche Beziehungen zu Menschen zu unterhalten, deren Energielevel dem Ihren besser entspricht.

3. *In der Beziehung müssen die Energien zwischen den Partnern frei fließen.*

Regel Nummer zwei bedingt, dass beide Partner wirklich bereit und imstande sind, nicht nur die eigenen stärksten Begabungen und vitalsten Interessen, sondern auch die des anderen zu dessen Nutzen, zum eigenen Wohl und zum Vorteil der Beziehung zu respektieren. Zwar scheint es eine Binsenweisheit zu sein, dass gelingende Partnerschaft wechselseitige Wertschätzung und aufrichtige Liebe voraussetzt, aber zugleich ist dies das energetische Herzstück jeder Partnerschaft: Wenn beide jeweils ihre Energien – in Form von Zuwendung, Aufmerksamkeit, Bestärkung – auf einen Punkt gemeinsamen Interesses lenken, der mal der Persönlichkeit des einen, mal der des anderen entstammt, dann herrscht zwischen ihnen ein freier Fluss der Energien, der beiden optimale Entfaltung ermöglicht und zugleich die Beziehung zwischen den Partnern stärkt.

• Üben Sie sich gemeinsam mit Ihrem Partner darin, den Fluss Ihrer beider Energien bewusst zu steuern.

Praktische
Empfehlungen

Wenn Sie spüren (und dieses Gespür wird sich rasch verfeinern), dass ein »Augenblick des anderen« gekommen ist, ein Moment (von beliebiger Länge), in dem sich ein inneres Potenzial Ihres Partners entfalten will, so lenken Sie Ihre Energie auf Ihren Partner und konzentrieren sich darauf, Gefühle der Ermutigung, des Ver-

trauens, der Bekräftigung und Stärkung, der auf-
richtigen Wertschätzung und tiefen Liebe zu ihm
oder ihr zu senden.

◆ Verständigen Sie sich mit Ihrem Partner darauf,
im umgekehrten Fall ebenso zu verfahren. Sie beide
werden sehr rasch feststellen, wie förderlich dieser
kontrollierte Energiefluss sowohl für die kreative
Entfaltung des Einzelnen als auch für Ihre harmonische Verbindung als Paar ist.

◆ Überprüfen Sie immer wieder einmal (aber nicht
in skeptischem Geist, sondern in vertrauensvoller
Grundhaltung), welche Energiewunder Sie beide
auf diese Weise bewirken können: Im rechten
Moment verfügt nun jeder von Ihnen über einen
»Turbolader« – den eigenen Partner, der seine
Energien bereitwillig zur Verfügung stellt, da und
solange er sicher sein kann, dass der andere umgekehrt ebenso verfahren wird.

14 Dem Energie-Vampir die Zähne ziehen – ein Langzeitprogramm gegen Stress und Energiedefizite in der heutigen Welt

Seit ich vor beinahe eineinhalb Jahrzehnten meine Beratungspraxis eröffnet habe, ist die Nachfrage nach spiritueller Energie- und Lebenshilfe kontinuierlich gestiegen. Das mag auch damit zusammenhängen, dass mein Name und meine energetischen Programme und Empfehlungen sich mit der Zeit herumgesprochen haben. Ich glaube aber, dass es noch eine weitere, möglicherweise gewichtigere Ursache gibt: In einem reichen Land wie den Vereinigten Staaten, in dem es immer weniger Menschen an materiellen Gütern mangelt, leiden zugleich immer mehr Menschen an immer größeren Energiedefiziten.

Ursachen eines überpersönlichen Energie-Vampirismus

Wie lässt sich diese scheinbar paradoxe Entwicklung erklären? Und vor allem: Was können wir – jeder Einzelne von uns – tun, um diesen unguten

Trend für uns selbst und unsere Nächsten umzu-
kehren?

Mit diesen Fragen begeben wir uns auf ein sprich-
wörtlich »weites Feld«. Tatsächlich lassen sich eine
ganze Reihe energiezehrender Faktoren im alltäglichen Leben der heutigen westlichen Menschen be-
nennen, deren Wirkung sich insgesamt zu einer Art
»überpersönlichem Energie-Vampirismus« addiert.
Einige dieser Faktoren sind rasch benannt:

- Falsche Ernährung im Junk-Food-Zeitalter
- Ruheloser Lebensstil des postmodernen Groß-
städters
- Reizüberflutung durch die Medien

Aber machen wir es uns bitte nicht zu leicht: Es hat
wenig Sinn, an dieser Stelle in ein kultur- und ge-
sellschaftskritisches Lamento auszubrechen und
beispielsweise die Lobbyistenmacht der fleisch-
erzeugenden Lebensmittelindustrie, die Zwänge
beruflicher Konkurrenz oder die Allgegenwärtigkeit
audiovisueller Reize zu beklagen – so als ob es nicht
zumindest *auch* an uns selbst läge, ob wir uns all
diesen Zwängen und Verlockungen ergeben oder
uns ihnen versagen.

Innere negative Energien ziehen energiezeh-rende Lebens-umstände an

Aus dem Blickwinkel meines spirituellen
Energiekonzeptes müssen wir sogar noch
einen Schritt weiter gehen und sagen:
*Würden wir auf unsere innere Stimme hören
und den Weg gehen, auf dem unser Höheres*

Selbst uns geleiten möchte, so wären wir in unserem persönlichen Umfeld von all jenen »Zwängen« und »Reizen« weitgehend frei.

Anders gesagt: Wir selbst haben, kraft der von unserem Unterbewusstsein ausgesandten Energien, die Personen und Verhältnisse in der äußeren Wirklichkeit angelockt, die heute unser Leben bestimmen. Was jedoch umgekehrt auch bedeutet: Wenn wir in unserem Inneren »reinen Tisch« gemacht, unser Unterbewusstsein von negativen Energien gesäubert haben, werden jene energievampiristischen Lebensumstände auch weitestgehend aus unserer äußeren Realität verschwinden.

Damit wir jedoch eine Chance bekommen, unsere innere Stimme überhaupt zu hören, dürfen wir nicht zögern, bereits im Vorgriff auf eine zielbewusste Neuorientierung die energiezehrenden äußeren Faktoren so weit wie möglich aus unserem Leben zu verbannen. Parallel dazu sollten wir alles in unserer Macht Stehende tun, damit wir künftig solche negativen Energien in der äußeren Welt überhaupt nicht mehr anziehen bzw. uns von ihnen nicht anziehen lassen.

Um Ihnen diese praktische und spirituelle Neuorientierung zu erleichtern, habe ich in diesem abschließenden Kapitel die wichtigsten Regeln und Maßnahmen gegen überpersönlichen Energie-Vampirismus zusammengestellt.

Sieben Empfehlungen gegen überpersönlichen Energie-Vampirismus

Erste Empfeh-
lung: Vegetari-
sche Ernährung

1. Stellen Sie möglichst sofort Ihren Speiseplan auf pflanzliche Nahrung um.

Fleischliche Kost mag – vor allem, wenn es sich um minderwertige Qualität handelt – billiger als vegetarische Nahrung und rascher zubereitet sein. Aber darüber hinaus spricht nichts für die Gewohnheit vieler Zeitgenossen, sich regelmäßig mit den negativen Energien der zu Nahrung verarbeiteten Tierleichen zu verunreinigen.

Fleischliche
Nahrung fixiert
uns auf der
materiellen
Ebene

Aufgrund der stofflichen Ähnlichkeit zwischen Fleischnahrung (insbesondere Schweinefleisch) und unserem eigenen Körpergewebe hält fleischliche Ernährung uns auf der materiellen Ebene fest und hindert uns auf diese Weise an spiritueller Bewusstseinsentwicklung.

Pflanzen schwin-
gen in höherer
Frequenz

Dagegen ist pflanzliche Nahrung in vielerlei Hinsicht unserem feinstofflichen Körper ähnlicher als der grobstofflichen Physis. Pflanzen schwingen in höheren Frequenzen als tierische und menschliche Körper; wer sich pflanzlich ernährt, schafft also eine Nahrungsbrücke zwischen seiner materiellen Ebene und seinen feinstofflichen Dimensionen.

Hinzu kommt, dass fleischliche Ernährung sehr eng mit dem energetischen Übel der Verdrängung verbunden ist. Falls Sie nicht genau wissen, was ich damit meine, besuchen Sie einmal den Schlachthof Ihrer Stadt. Ebenso wie durch persönlichen »Psychoschrott«, den man in seinem Unterbewusstsein verscharrt, hat man als Fleischesser an allgemeiner gesellschaftlicher Verdrängung teil – und damit auch an den negativen Energien, die hierdurch in der Außenwelt angezogen werden.

Fleisch essen heißt das Grauen der Schlachthöfe verdrängen

Wenn Sie dagegen Ihren Speiseplan auf vegetarische Ernährung umstellen und regelmäßig frisches Obst und Gemüse essen, werden Sie schon nach wenigen Wochen bemerken, dass ihre bis dahin durch Fleischverzehr betäubte Sensitivität erwacht. Manche Menschen empfinden diese auf allen Ebenen sich regende Feinfühligkeit anfangs als irritierend. Aber Sie werden sehr bald feststellen, um wie viel größer und reicher Ihre Welt, Ihr Erleben des Umfeldes und Ihrer selbst durch Verzicht auf Fleischverzehr geworden ist.

Vegetarier sind sensitiver

Vor allem jedoch werden Sie bemerken, wie Ihr Energielevel durch vegetarische Ernährung in ungewohnte Höhen steigt. Niemals mehr werden Sie sich nach dem Essen schwer und erschöpft fühlen, sondern stattdessen beschwingt, unternehmungslustig und leicht. Nach gewissen Fleischportionen wirkt die menschliche Aura matt und weist verschiedentlich sogar graue Flecken auf; nach einer pflanzlichen Mahlzeit aber

Pflanzliche Kost erhöht das Energieniveau

erstrahlt unsere Aura in kräftigen, leuchtenden Farben.

Zweite Empfeh-
lung: Bewusste
Nahrungs-
aufnahme
Befreiung der
im Essen gebun-
denen Energie

2. Nehmen Sie jeden einzelnen Bissen bewusst und aufmerksam zu sich.
Kauen Sie jeden Bissen 30-mal, ehe sie ihn hinunterschlucken: Auf diese Weise befreien Sie die größtmögliche Menge der in Ihrer Nahrung gebundenen Energie. Denken Sie während des Essens intensiv daran, dass die Nahrung, die Sie zu sich nehmen, sich in Ihrem Innern in Energie verwandelt.

Dankbarkeit
und Liebe

Versuchen Sie während des Essens in sich ein Gefühl aufrichtiger Dankbarkeit und der Liebe zu dieser Welt hervorzurufen, die Sie mit so kostbarer Nahrung versorgt. Auf diese Weise bringen Sie sich mit dem kosmischen Energiepool in Verbindung, der nun auch Ihre feinstofflichen Dimensionen mit der ihnen gemäßen spirituellen Energie versorgt.

Vermeidung von
Übermaß

Essen Sie stets maßvoll, und vermeiden Sie unbedingt, sich zum Beispiel aus Frustration mit Süßigkeiten »vollzustopfen«. Zum einen ruft jeder Überschuss an Energie, den wir durch zu viel Nahrungszufuhr erzeugen, auch in der Außenwelt unerwünschte Überschüsse – Unordnung, Chaos, unliebsame Überraschungen – hervor.

Zum anderen ist »Frustessen« wiederum nichts anderes als ein Verdrängungsmechanismus: Die unliebsamen Gefühle oder Erinnerungen, die Sie durch maßloses Essen zu verdrängen versuchen, verwandeln sich nicht nur in Pfunde zusätzlichen Körpergewichts, sondern bleiben auch als »Psychoschrott« in Ihrem Unterbewusstsein verbunkert – von wo aus sie als negative Energien wiederum negative Entsprechungen in der äußeren Welt anziehen.

Frustesser produzieren negative Energien

3. *Alkohol und Nikotin, Koffein und chemische Pharmaka sowie alle anderen Drogen sind strikt tabu.*

Dritte Empfehlung: Auf Nervenreizstoffe verzichten

Zwar lassen sich auch aus Drogen Energien generieren – allerdings handelt es sich hierbei um negative, für Sie selbst und Ihr Umfeld zerstörerische Energien.

Seine Gefühle zu betäuben und sich in die künstliche Gefühls- und Traumwelt von Alkohol, Psychopharmaka oder illegalen Drogen zu flüchten, ist einer der sichersten Wege zu Energiemangel und Energie-Vampirismus – ob passiv oder aktiv, als ausgesaugtes Opfer oder als Täter, der anderen Menschen die Lebensenergie raubt, die er selbst nicht mehr zu erzeugen vermag.

Drogen bereiten den Weg zum Energiedefizit

Lassen Sie von solchen Lastern ab, notfalls mit professioneller Hilfe – und Sie werden erstaunt und beglückt feststellen, um wie viel lebendiger Sie sich schon bald danach wieder fühlen. Die Welt um Sie herum wird strahlen und leuchten, wie Sie dies vielleicht seit vielen Jahren nicht mehr erlebt haben. Gleiches gilt übrigens für die Aura von ehemals Süchtigen, deren Leuchtkraft nach gelungenem Entzug beeindruckend zuzunehmen pflegt.

Vierte Empfeh-lung: Sparsamer und bewusster TV-Gebrauch

4. *Wer zu viel fernsieht, schadet sich selbst.* An diesem schädlichen Zuviel ist allein der TV-Konsument selber schuld: Schließlich kann nichts und niemand Sie zwingen, sich abends, an Wochenenden oder gar den lieben langen Tag mit Ton- und Bilderschrott berieseln zu lassen.

Zwei wichtige Argumente gegen passiven und bewusstlosen Fernsehkonsum mögen Sie in Ihrem Kampf gegen diese schädliche Gewohnheit bestärken:

Fernsehen über-schwemmt uns mit visuellen Stereotypen

Zum einen: Unser Imaginationsvermögen ist eines der wichtigsten Instrumente, um unser Bewusstsein gezielt zu entwickeln und unseren Weg durch diese Welt entsprechend unseren persönlichen Neigungen und Begabungen zu steuern. Wenn wir jedoch unsere Fantasie, unsere eigene Vorstellungswelt mit der gigantischen Bilderflut aus Dutzenden von Fernsehkanälen überschwemmen lassen, haben wir wenig Chancen, unsere persönlichen Bilder zu finden und sie in unserer mit fremden Bildern überfüllten Innenwelt wirksam werden zu lassen. Auch die in diesem Buch empfohlenen Visualisierungsübungen können so nur eingeschränkt wirksam werden.

Zum zweiten: Die überwältigende Mehrheit der im Fernsehen gesendeten Bilder – Kriegs- und Katastrophennachrichten, Kriminal- und Horrorfilme etc. – stellt nichts anderes dar als visualisierte *negative Energien.* Weshalb um Himmels willen sollten wir unser Inneres tagtäglich mit destruktiven Energien anfüllen? Das wäre genauso, als würden wir jeden Tag eine Nahrung zu uns nehmen, die für unseren Körper – gelinde gesagt – unbekömmlich ist.

Die meisten TV-Bilder sind negative Energien

Allerdings spricht nichts dagegen, sich ab und an einmal bewusst und konzentriert im Fernsehen einen Film oder einen Bericht anzusehen, an dem man ein persönliches Interesse hat.

5. *Nehmen Sie Abstand vom tagtäglichen Katastrophenkonsum.*

Fünfte Empfehlung: Nachrichten dosiert aufnehmen

Nicht zuletzt durch die unzähligen Kriegs-, Unglücks- und Katastrophennachrichten aus aller Welt werden wir tagtäglich mit einem wahren Hagel negativer Energien bombardiert. Die reißerische Aufmachung dieses tausendfältigen Elends und die hautnahen Bilder von Leidenden, Hungernden, Fliehenden, Sterbenden auf dieser Erde überfluten den auf »Information« bedachten Zeitgenossen unablässig mit ihren destruktiven Botschaften: Tod und Sterben überall!

Elendskonsum stumpft ab   Dem »Konsumenten« solchen Elends bleibt scheinbar nur die Wahl, schwermütig zu werden – oder sich durch Zynismus oder Abstumpfung gegen die negative Kanonade zu wappnen.

Reißerische Boulevard- News meiden   Auch hier gibt es freilich einen so offenkundigen wie leicht zu beschreitenden dritten Weg: Vermeiden Sie es, sich durch reißerisch aufgemachte Boulevardblätter und durch Fernsehnachrichten mit Bildreportagen von den jeweiligen Katastrophenschauplätzen über aktuelles Geschehen informieren zu lassen.

Informative Wochen- oder Monatsrück- blicke vorziehen   Bestimmte Radiosender und seriöse Zeitschriften (neuerdings auch spezielle Internetdienste) bieten stattdessen Wochen- oder Monatsrückblicke ohne aufgeregte »Live-Reportagen« und krass übertreibende Schlagzeilen: Gewöhnen Sie sich an, sich durch solche Medien, die ohne Katastropheninszenierung auskommen, in größeren Abständen informieren zu lassen. So können Sie auf den energiezehrenden täglichen Newskonsum verzichten und sind doch über die wirklich wichtigen politischen Geschehnisse informiert.

Sechste Empfehlung: Elektrosmog mindern und meiden   **6. *Verringern und vermeiden Sie, wo immer möglich, die Belastung durch Elektrosmog!*** Eine noch immer unterschätzte Quelle der Belastung von Körper, Geist und Seele ist die Verschmutzung unserer hoch technisierten Welt durch den sogenannten Elektrosmog. Dieser elektromagnetische Unrat kann auf vielfältige Weise unseren Organismus schädigen, Krankheiten aller Art hervorrufen oder begünstigen und zehrt insgesamt an den Energien jedes Menschen, der diesen Belastungen längere Zeit ausgesetzt ist.

a) Im privaten Bereich sollten Sie wo immer möglich auf den Gebrauch elektrischer Geräte verzichten. **Einige Empfehlungen**

b) Besonders ungünstig wirken sich Mikrowellen aus: Vermeiden Sie den Einsatz von Mikrowellenherden in der Küche und von Mobiltelefonen, die teilweise nahe den Radarfrequenzen senden.

c) Informieren Sie sich bei örtlichen Initiativen gegen Elektrosmog oder durch geeignete Buchpublikationen über Abhilfemöglichkeiten am Arbeitsplatz und in den heimischen vier Wänden.[*]

7. *Entwickeln Sie stetig Ihr Bewusstsein weiter für die Tatsache, dass alles, was wir in unserem Leben jemals erlebt haben oder erleben werden, Energien sind, die wir entweder ausgesandt oder angezogen haben.* **Siebte Empfehlung: Energiebewusstsein stetig entwickeln**

Das gilt für jede Erfahrung, die Sie gemacht haben, jeden Menschen, den Sie kennenlernen, jeden Ge-

---

[*] Als so fachkundige wie allgemeinverständliche, an deutschen Verhältnissen orientierte Einführung mit vielen praktischen Tipps ist folgendes Werk zu empfehlen: Knut Sievers: *Elektrosmog – die unsichtbare Gefahr,* München 1996. – *Anm. d. Ü.*

danken, jedes Bild, jedes Gefühl, jede Erinnerung, jede Idee, die Sie beschäftigen.

Fragen an Sie selbst

Möchte ich diese Energie aussenden? Wenn nein, befreien Sie sich von ihr, indem Sie ein Clearing Ihres Unterbewusstseins durchführen (siehe Seite 143 ff.). Wenn ja, senden Sie sie bewusst aus, und seien Sie wachsam für die energetischen Reaktionen, die Sie hervorrufen.

Möchte ich diese Energie empfangen? Wenn nein, wappnen Sie sich durch Stärkung Ihrer Aura dagegen, wie weiter oben in diesem Buch beschrieben (siehe Seite 75 ff.). Wenn ja, nehmen Sie sie bewusst in sich auf, und achten Sie darauf, dass (in welcher Form auch immer) ein Energiestrom zum Absender zurückfließt.

Energetisch harmonische Beziehungen sind dadurch gekennzeichnet, dass die Energiebilanz aller Beteiligten ausgeglichen ist – und dass durch diese Beziehung das allgemeine und individuelle Energieniveau kontinuierlich steigt.

Ich wünsche Ihnen aufrichtig, dass Sie Ihre persönliche Verbindung zu den kosmischen Energien aufzubauen und stetig zu stärken vermögen. Denn wer den Kontakt zu seinem Höheren Selbst gefunden hat, braucht nie mehr um die Lebensenergie zu kämpfen, die auf der spirituellen Ebene in unerschöpflicher Menge vorhanden ist.

Anhang

Verzeichnis der Übungen und Rituale

Übungen zum Aurasehen

- Fingerspiele   61
- Partneraura   63
- Musikalische Aurastimulation   64
- Im Strahlenkleid   67

Übungen zur Aurastärkung und -reinigung

- Die Säule aus Licht   75
- Reinigung der Aura   82
- Programmieren Sie Ihr Bewusstsein   92

Chakra-Übungen

- Öffnen der Chakras   127
- Säubern der Chakras   129
- Schließen der Chakras   131
- Schützen der Chakras   133

Übungen zum Clearing des Unterbewusstseins

- Goldenes Vlies   144
- Lichtdusche   149

Übung und Rituale zum geistigen Schutzraum

- Die Weiße Schutzburg   160
- Bann- und Reinigungsritual   164
- Rituelle Anrufung des spirituellen Hüters   173

Übungen zum Schutz vor Energie-Vampiren

in Geschäft und Beruf

- Gummiwandmethode   200
- Goldenes Vlies   216
- Übertragung des Auraschutzes   222

Übung und Ritual zum Schutz vor

Energie-Vampiren in Freizeit und Familie

- Ausdehnung des Auraschutzes auf ein Kind   249
- Reinigungs- und Bannritual   252